# ワンフレーズ心理テクニック

メンタリストDaiGo

PHP文庫

○本表紙図柄＝ロゼッタ・ストーン（大英博物館蔵）
○本表紙デザイン＋紋章＝上田晃郷

# まえがき

本書を手にとってくださったあなたは、タイトルの〝ワンフレーズ〟という言葉にどんな印象を抱きましたか?

本書で僕が提案する〝フレーズ〟とは、〝呪文〟みたいなことです。声に出す(もしくは心の中で発する)だけで、あなたのコンプレックスやマイナス思考を「あなたが望むように」「劇的に」変えられるスペシャルなフレーズです。

言葉を使って考え方や行動を変えていくやり方は、最近、心理学で提唱されている「脱フュージョン」という考え方とリンクしています。

例えば、あなたが何かミスを犯してしまったとしましょう。気にしないでおこう、と思っても何度もその出来事を思い出しては「あー、やっぱり私（僕）はダメ人間なんだ」と考えてしまいませんか？

でも、恐ろしいことにその思考を繰り返すうちに、「自分はダメ人間なんだ」という思考が常態化し、現実とがっちり結びついてしまう「フュージョン」（fusion＝融合、統合）という現象が起こります。

そうなると、「私（僕）はダメ人間だから、この先何をやってもうまくいくはずがない」と強く脳裏に刻み込まれてしまうのです。このように人間には、知らず知らずのうちに自分が抱いている思い込みと現実を一体化させてしまうところがあります。

そこで、この「一体化したイメージと現実」を切り離す方法として役立つのが「脱フュージョン」というやり方です。

今度は、満員電車で足を踏まれたとします。イラッとしますよね？　踏まれた跡や汚れを見て気分も落ち込みそうです。こんなときは、

**「今の怒り、何点ぐらい？」**

というフレーズを自分自身に問いかけてみましょう。

採点基準は、怒りをまったく感じていない状態が0点、相手を殺したいくらい腹が立っていたら100点としましょう。

こうすると、「たしかに腹は立つけど、殺したいほどではないなぁ。○点ぐらいかな」などと考えますよね。

そしてじつは、このように採点している時点で、あなたは自動的に自分の怒りを「観察」できているのです。つまり、感情といったん距離を置くことができて、何の苦労もなく「脱フュージョン」が成功するわけです。

『インサイド・ヘッド』という映画をご存じですか？　この映画にも、感情と距離を置くヒントがあります。

この映画は、主人公の女の子を幸せにするために、「喜び」や「悲しみ」といった感情のキャラクターたちが奮闘する物語ですが、まさに一つひとつの感情を擬人化することで、感情を客観視できているのです。

僕自身、どうしてもやる気が出ないときは「あ、〝やる気なし男〟が出てきてるぞ」というフレーズをつぶやくことで、どよんとした状態から一歩踏み出していきます。

他にも、こんな方法があります。イライラする、と思ったときに

「イーラーイーラーすーるーーー」

と、一つひとつの文字を引き伸ばして言うだけでも、なんだか馬鹿馬

鹿しくなって笑えてくる。イライラする感情に圧倒された状態から一瞬にして抜け出すことができるのです。

僕の肩書きは、メンタリストです。

メンタリストとは「メンタリズムを実践する人」。「メンタリズム」とは、行動や態度、言葉などから相手の心理を読み解き、思うままに誘導する技術のことをいいます。

本書でご紹介するフレーズを唱えれば、このメンタリズムを使って、自らのメンタルを思い通りにコントロールできます。なぜなら、考え方が変われば、行動は必ず変わるからです。

本書では、「話し方」「片づけ」「ダイエット」といった、日常で多くの人が悩みがちなテーマや、もっと踏み込んだ心の内面の悩みをとりあげ、それぞれの悩みを突破するために最も効果的なフレーズと、その効果を高めるための行動やアイデアを紹介していきます。

さらに、そのフレーズを使って日常の別のシーンの悩みも解決できるという、お役立ちの応用例も提案していきます。

例えば、「緊張して人前でうまく話せない」のがコンプレックスである人にオススメのフレーズは、

**「恥をかくプロになる！」**（P32）

というもの。そもそもあがり症というのは、未知なるものへの恐怖心という感情ゆえに起こります。

人前が怖い、という恐怖心を克服するには、知らない人に挨拶する、コンビニで恥をかく罰ゲームをする、といった「思い切ったこと」をして恥をかくトレーニングを積み、その恥ずかしさから立ち直る「コーピ

ング力」を磨くことが有効。そうすれば恥ずかしさは自然と消えていきます。難しく感じるかもしれませんが、これは心理学に基づいた効果的な「近道」です。

また、ストレスがつらくて病気になってしまいそう……と滅入っているときこそ有効なのが、

**「あ〜、困った。また成長しちゃうぞ♪」**

というフレーズです。

これは、「ストレスが健康に悪いと思った人は死亡リスクが上昇し、反対にストレスを悪者だと思わなかった人の死亡リスクは上昇しないどころか下がった」というアメリカで行なわれた大規模調査の結果をヒントに考えたフレーズです。

このフレーズのポイントは、語尾に「♪」をつけること。自分に対し

て実際に声に出して投げかけるフレーズですから、言い方をちょっと変えて、いかにも楽しげにするだけで、気持ちまで明るくなってくるから不思議です。

英国の元首相のチャーチルは「永遠に残るのは、言葉だけである」と語っています。言葉を重視したチャーチルは、民衆へ語りかけるスピーチを丁寧に、綿密に考えていたそうです。

僕も、心に残る言葉に出会ったときにはすかさずメモをしたり、頭に浮かんだフレーズをTwitterでつぶやいたりと、自分の頭の中にとどめる作業を大切にしています。

言葉といえば相手に発するもの、と思いがちですが、じつは自分に向けて発することによって自分の心を大きく動かすことができる力を持っています。自分に向けてつぶやくフレーズの効果は、計り知れないものがあるのです。

また、人はどんなに感動しても、言葉にしないと忘れてしまう生き物です。本書で紹介するフレーズを「いいな」と思ったら、ぜひ心の中にとどめるだけでなく、どんどん声に出してつぶやいてください。

何の道具もいらない。わざわざ時間を作る必要もありません。

歩きながら、ホームで電車を待ちながら、お風呂の中で。

繰り返しつぶやいて使い込むことによって、「嫌なことにばかり目を向けてしまう」というネガティブな思い込みが、「くよくよしていないで、まず、行動してみよう！」と前に踏み出す力に変わってきます。

弱い自分がイヤだ、と悩んでいるときこそ、成長のチャンスです。あなたの悩みがすべて解決する、フレーズの世界にようこそ！

ワンフレーズ心理テクニック　目次

第2章

# 「片づけられる自分」になる

012

収納スペースがないときに効くワンフレーズ

「収納スペースは必要ない」



自分は捨てられない性格と思っているあなたへ

「捨てられない」は思い込みだ！

# 第3章
# 「いつでもやせられる自分」になる

## 第4章 「ストレスに強い自分」になる

# 第5章 「○○できない自分」を変える

編集協力：柳本操
装丁：井上新八
本文イラスト：フジマツミキ
撮影：阿久津知宏
スタイリスト：松野宗和
ヘアメイク：永瀬多壱

# 第1章

# 「誰とでも話せる自分」になる

どうしても苦手で、話すのが憂鬱《ゆううつ》な相手がいる。あるいは、物事を伝えたくてあれこれ言葉を並べているうちに、「何を言いたいのかわからないんだけど」と言われてしまうことが多い。

反抗期の子どもが聞く耳を持たない。上司や姑《しゅうとめ》に気を遣いすぎてギクシャクしてしまう。

自分がイライラしていると、つい、トゲトゲしい言い方をしてしまう。

「話し方」一つとっても、ありとあらゆる悩みがあります。

話し方で「うまくいかないな」と思ったときに、人はどうしても「相手がこういう態度をとるから」「相手の性格が悪いから」と、相手に原因を求めがちです。でも、僕から提案したいのはただ一つ。

**まず、あなたから変わりましょう。**

じつは、苦手な相手というのは、自分と似ている人であることが多いのです。自分の見たくない、醜《みにく》い部分をありありと映し出す鏡だから、「この人は苦手だ」と感じ、気になって仕方がなくなる。

だとすれば、手っ取り早いのはあなた自身が変わること。自分の態度を一切変えずに、「相手をなんとかして変えたい」と思うのは、鏡の中の自分を座ってただ見つめながら、「動かないかな～」と眺め続けるに等しい、愚《おろ》かなことだといえます。

もちろん、一人の人間にとって「変わること」は簡単なことではありません。でも、すぐにできる方法があります。

**それは「話す内容を変える」こと**。

苦手だと思っている相手のいいところを無理やり見つけてから話してみよう、という呪文のようなワンフレーズが、

**「誰でも3つは、いいところがある」**（P26）

というもの。「シャツのセンスがいい」「3カ月前にもらった旅行のお

土産がおいしかった」「グチが秀逸」など、「心の中で3回ほめてから」話を始める、というのが鉄板でうまくいく方法です。

他にも、先制攻撃で「お疲れ様です！」と栄養ドリンクをプレゼントする、というふうに、まずこちらから〝ポジティブな思い〟を差し出すのもいいでしょう。こうすると、「相手に何かしてもらうと、人はついお返しをしたくなる」という、心理学の「返報性の法則」が働くのです。

また、言いたいことを伝えようとしても、まともに取り合ってくれない相手のことを嘆いたり怒ったりするよりも、

**「伝えられることは一つだけ」**（P38）と呪文のように唱えれば、頭の中でもやもやとしていた思考を「相手に何を伝えたいか、そして、相手に何をしてもらいたいのか」という一点にフォーカスすることができます。

ついつい萎縮してしまう上司や姑に対して唱えたいフレーズは、**「ご存じだとは思いますが」**（P44）を駆使《くし》しようというもの。これは目上の人に対する必勝フレーズです！全然相手がご存じではなさそうなことでも、この言葉を最初につけることによって、相手は「自分は尊敬されている」と満足感を感じるのです。


あなたはもう、思うようにならない相手に神経をすり減らす必要はありません。

ただ、これらワンフレーズを唱えるだけ。

たったそれだけで、「どうにかならないかな」と悩んでいた相手の態度が変わり、伝えたいことがスムーズに、正確に伝わり、相手との関係までうまく回り出すことを実感できるでしょう。

# 「誰でも3つは、いいところがある」

## 冷静になるために、心の中でつぶやいてみる

会話がかみ合わなかったり、話すと妙にイライラしてしまう人っていますよね。その根底には相手への「苦手意識」があります。

それを簡単に消してくれるのが、このフレーズです。

**不思議なことに、誰かに敵意を向けると、その敵意は返ってきます。**そのため、

「この人はすぐ文句を言うんだよな〜」

という気持ちで相手にお願い

# 001

をしても、あなたの要望が受け入れられる可能性は極めて低いでしょう。

そんなときは、まず最初に相手のいいところを3つ探し、心の中で「財布の趣味がいいよね」「動物に優しいよね」「約束は守る人だよね」などとほめてから、話し始めるのです。

いいところを探しているうちに、あなた自身の相手への「嫌い」という思いも、不思議とクールダウンしてきますよ。

# 「お疲れ様です！」と栄養ドリンクをプレゼント

苦手な人に、言いにくいことを伝えなくてはならないときは、「お疲れ様です！」と先制攻撃で栄養ドリンクなどをプレゼント。

どんな極悪人でも、不意に笑顔でプレゼントを渡されると「えっ！」と驚き、それ以上相手を責め立てようとはしなくなるもの。

これは「相手に何かしてもらうと、人はついお返しをしたくなる」という心理学の法則を使ったやり方です。

苦手な人と話すときに効く　テクニック　2

# 「ノーセット・トーク」で相手のイエスを引き出す

これは、何を頼んでも「イエス」と言わない反抗期の子どものような人に使える方法。普通にお願いすると断られそうなときも、「今、すっごく忙しいよね。５枚だけコピーをとってくれるとありがたいんだけど……その時間もないよね？」と否定疑問文で話しかける。すると相手は「いいえ、コピーぐらいできます」と返してくるはず。断りたがる人には、断らせてあげるといいのです。

応用編

# 批判的な相手を説得する「イエス・バット法」

何を言っても「でもさぁ」「そうは言っても」と、批判的に返してくるような人の意見をひっくり返したいときに役立つのが「イエス・バット法」というやり方です。

方法は簡単。**相手が文句を言ってきたときに、いったん「イエス」と認めてしまうのです。** テレビ番組で不良たちを相手に授業をしたときに、僕はこれを使いました。

冒頭で不良たちは「メンタリストなんて、人の心を読む嘘つきの詐欺師だ！」と大きな声で批判してきました。普通は「いいえ、違います」

などと反論してけんか腰になるもの。でも僕はすぐに「その通りです」と「イエス」で同意したのです。

その上で、「おっしゃる通り、このテクニックはこれまで詐欺などに使われてきました。

それだけ強力なテクニックだからこそ、公開したら大勢の人の助けになるかもしれない、だまされる人を減らせるかもしれない、と思ったのです」と続けました。

「イエス・バット法」というものの、「でも」とか「だけど」という言葉を使うと相手は批判されたと感じるので、その言葉は使わずにさりげなく自分の主張を滑り込ませるのがポイント。批判的な相手を説得する必勝技です。

# 「恥をかくプロになる！」

## 恥をかき慣れておけば恐怖心は消える

人前で話すとき、緊張してうまく話せなかったり、すごく早口になってしまうことがありますよね。

これは「未知なるものへの恐怖心」があるため。知らない人の前で話すのが怖い、人前で失敗したときにどう立て直したらいいかわからない。そんな恐怖心を打ち消してくれるのが、このフレーズです。

性格や価値観を変えられるのは30歳ぐらいまでで、それ以降

002

に変えるには、かなり思い切ったことをする必要があります。そのための方法が次ページで紹介する「1日5回、知らない人に挨拶する」などです。

もともと人間は100人以下の集団で生活してきた生き物ですから、不特定多数の人と向き合うのは本能的に怖い。だからこそ、**自分から大胆に行動することで、「自分はこの場を支配している」と感じ、恐怖心を克服できる**のです。

# 1日5回、知らない人に挨拶する

新幹線で隣に座った人や、エレベーターで乗り合わせた人に、まずこちらから挨拶しましょう。挨拶されて怒る人はいません。それなのに誰もやらないのです。他人という未知の相手に自分から挨拶するトレーニングをすると、知らない人の前でもリラックスして過ごせるというのに。自信がない人は、優しそうなおばあちゃんから挑戦してみて。最高の笑顔を返してくれますよ。

人前で話す前に効く　テクニック　2

# 胸を張った「パワーポーズ」で自信アップ！

自信がなくなると、人はどんどん猫背になるもの。そこで参考にしたいのが、テーブルの上に足をのせてふんぞり返るという「パワーポーズ」を2分間とっただけで、不安や緊張が抑えられ、自信を高めるテストステロン値が高まった、という実験です。姿勢は感情にも影響をもたらすのです。人前で話す前に、鏡の前で堂々と胸を張ると、自信が湧いてきますよ。

応用編

# 究極のあがり症克服術「罰ゲームリレー」

僕自身、もともとあがり症で、いじめられっ子でした。今でも家で一人で本を読んでいる時間が一番幸せです。

そんな僕がテレビに出るようになったとき、恥ずかしさ克服のためにやったのが「罰ゲームリレー」。なんでもいいので、罰ゲームを毎日1個ずつ、こなすのです。

例えばコンビニでお茶とおにぎりを買い、1回外に出てから再び同じ店員さんの前に立ち、バンと台を叩く。「今ここにオレが来なかった？バカヤロー、そいつがルパンだ！」。そう、アニメのルパン三世のワンシーンを再現するんです（笑）。
あるときはカップアイスクリームを買って「温めてください」と言ったことも。その店員さんは涼しい顔で「ストローをおつけしますか？」と切り返してくれて、余計に恥ずかしかったなぁ。罰ゲームは恥ずかしいものであるほど、効果が高くなります。

**恥ずかしいことをやった後に気持ちをコントロールし、立て直す力のことを、心理学では「コーピング」といいます。罰ゲームは、コーピング力を鍛える絶好のチャンス。**これをこなせれば、人前で話す恥ずかしさなど吹き飛びますよ。

# 「伝えられることは一つだけ」

## 自信がない時は、特に肝に銘じる

複雑な話だけど、なんとかして伝えたい。そう思うほど肩に力が入ってあれこれ言葉を並べてしまい、結局伝わらなかった、なんてことはありませんか?

このように、伝えるのが難しそうだ、ちゃんと話せる自信がない、というときに意識したいのが、これです。そもそも、短い会話の中で相手に伝えられるメッセージは一つが限界なのです。それが複雑なことならばな

# 003

## 伝えられることは1つだけ

おさら。

そのため、複雑なことを話すときは、このフレーズを唱えた後で、**「相手に何を伝えたいか」「それによって相手にどうしてほしいか」を明確にしましょう。**じつは、ここが定まっていないケースが多いのです。

伝えることが複数あるなら、まず一つに絞って伝えてから、次のテーマに取りかかればいいのです。欲張らなければ、必ず伝わりますよ。

複雑なことを話すときに効く　テクニック 1

# 「なぜなら」と理由をつけると説得力が高まる

コピー機の前で行列を作っている人たちに「先にコピーをとらせてください」とただ単にお願いをした場合は6割の人が先を譲ってくれたのに対し、「今、急いでいるので」と伝えたところ、9割の人が先を譲ってくれた、という実験があります。根拠を伝えられると相手はそれを否定しにくくなるもの。話をするときには、「なぜなら」という理由をつけて説得力を高めましょう。

複雑なことを話すときに効く　テクニック 2

# 伝えたいことを3回繰り返す

「繰り返し」も有効なテクニックです。複雑な話を伝えるときは「相手はこの話にさほど興味を持たない」と覚悟しておくぐらいがちょうどいい。興味を持ってもらいにくいからこそ、だらだらと話すよりも大事な一つのことを繰り返し伝えることが重要になります。言葉の表現・ニュアンスを少し変えながら3回繰り返すと、相手の意識に深く働きかけることができます。

応用編

# 「導きたい一つのゴール（目的）」で夫は説得できる！

週末に遊びに行きたいから夫に子どもをみていてほしい。ただこれだけの話を伝えればいいのに、多くの女性は「最近忙しくて私も大変だった」「友だちに誘われた」「滅多にない機会だから」などとあれこれ理由を並べてしまいがちです。

その結果、「オレだってずっと忙しかったよ！」と険悪な雰囲気になることも。この行き違いは、気持ちを理解してほしい女性と、結論を知りたい男性との違いから生じます。男性を説得したい場合は、「ゴール」のことをいつも以上に意識しましょう。

まず、「週末に遊びに行きたいから子どもの面倒をみてほしい」と、あなたのゴールをシンプルに伝えましょう。同時に、理由をしっかり添えること。**言いたいことがたくさんあるときこそ、自分の望みを整理し、「一つだけ伝える」と意識するのです。**

このスキルはコミュニケーション全般に役立ちます。僕自身、苦手な人と打ち合わせをするときは、常に「その日のゴール」を決めています。

「今日の目的は、○万円のビジネスを決めること。僕はこの人の説得のボタンを押すことに集中すればいい」と思うと、商談もゲームのように楽しめるのです。

# 「ご存じだとは思いますが」

（相手に対して言う）

## 話の最初につけてみる

職場の上司や義父母など、目上にあたる人と話すときに、緊張したり萎縮してしまうことがありますよね。でも、**目上の人って意外にコントロールしやすいのです。〝立場の違い〟をこちら側がうまく活かせば、意見がぐんと通りやすくなる**のです。

目上の人への最強の呪文が、今回のフレーズです。全然ご存じじゃないことでもいいので、話の最初に「ご存じだとは思い

# 004

ますが……」とつけるのです。

まず上に持ち上げられることによって相手は自分が尊敬されていると感じ、「知らない」と否定することもできないために、あなたの提案に頷くしかなくなります。反対に、絶対やってはいけないのが「自分のほうが物事を知っている」と相手に感じさせること。プライドを傷つけられたと感じると、相手は心を閉ざし、攻撃的になるので注意しましょう。

# 相手が話したフレーズを枕詞にする

目上の人が「とりあえず文句を言いたい」というタイプの場合、相手がなにげなく言った言葉をメモしておきましょう。そして、「先日、お食事をご一緒したときこういうことをおっしゃっていたので、それを受けてこのようにしてはどうかと思いまして……」というふうに相手の言葉を枕詞にするのです。相手も、自分が言ったことなのでむやみに否定できず、意見が通りやすくなります。

目上の人と話すときに効く　テクニック　2

# 細かい人には“質問攻め”で満足させる

「細かいことばかりチクチク責めてくる」人の場合は、こちら側からどうでもいいことを繰り返し質問するのがオススメです。細かいことをこまめに聞き、そのたびに判断してもらうと、相手は「たくさん口出しすることができた」と満足します。質問する側は面倒くさいのですが、その手間を惜しまないことによって「相手を黙らせる」という成果を得ることができます。

応用編

# 姑のプライドを「すごいですね！」でくすぐろう

目上の人のプライドをくすぐりたいとき、相手の大切な人を引き合いに出すと、心のバリアを解除することができます。

例えば、とても口うるさい姑が、あなたの子どもの教育方針にあれこれ口出ししてくるとき。「今の時代はこうなんですよ」などと威張った物言いをすると一気に関係は悪くなります。**正論を言いたくなるのですが、言ったところで何も変わりません。**

**その代わりに「すごいですね」というフレーズを駆使するのです。**

姑があなたの夫である息子を溺愛しているのなら、「○○さんを立派に育てられたお義母さんは、きっと独自の教育哲学をお持ちになっているのでしょうね。参考にしたいので教えていただけませんか」と根掘り葉掘り、相手がうんざりするまで聞くのです。「すごいですね～」と相槌を打つと、相手も満足します。

例えば、塾に行くのを反対していた姑のアドバイスを結果的に実行しなかったとしても「お義母さんのおかげでうちの子と本音でぶつかることができて、うちの子のやりたいことを見つけられました」などと伝えると、相手も悪い気はしないでしょう。

# 「子どもを変えるんじゃない、自分を変えるんだ」

## そのほうがコスパがいい

何度言っても聞く耳を持たない子どもにイライラ。そんなときに効果的なフレーズです。

反抗期の子どもは、親の命令には基本的に歯向かうもの。なぜなら、反抗期とは「自分の能力を試す期間」なので、自分のわがままがどこまで通り、どこまでやると周囲から批判されるかを体当たりで学習しているからです。

そんな子どもを**理論でねじ伏せようとするより、あなた自身**

**の気分を変えたり、子どもへのアプローチの仕方を変えるほうが、はるかに思いが伝わりやすいのです。**

子育て中は、家事や育児の負担によって感情をコントロールする「意志力」が消耗されがちなので、まずは瞑想などで意志力を高めましょう。また、「子どもは自分と似た境遇の人物の成功例に触発される」という法則を使えば、子どものやる気を高められます。

# 瞑想で意志力を高める

感情のコントロール役を担うのが、脳の前頭葉の「意志力」。しかし、子育て中の女性は意志力が消費されて底をつきやすく、これがイライラの原因に。意志力を手軽に自分で高められるのが、瞑想です。背筋を伸ばしてリラックスし、ゆっくりと呼吸をしながら呼吸の数をカウントするだけ。1日5～10分から始め、何日かかけて、合計時間が3時間を突破したあたりから効果が現れます。

子どもに手を焼くときに効く　テクニック 2

# 他の子どもの成功例を見せる

子どもにこんなふうになってほしい、と思うときは、ただ言葉を並べるよりも「子どもと似ている境遇の人が行動をし、成功している」という例を見せるほうが、はるかに効果的。これは、「人は似ているものから影響を受ける」という心理学の「類似性の法則」をヒントにしたものです。絵本や物語などでもよいのですが、最も効果が高いのは「動画」です。

応用編

# 「質問」を使えば、部屋を片づけさせられる！

子どもに部屋を片づけさせるのは至難の業《わざ》に思えますよね。でもじつは、「質問」を上手に使うと、子どもが思わず片づけたくなるのです。

「命令」は、相手に行動を指示する行為。いっぽう、「質問」は相手から感情を引き出す行為です。ここでは子どもの「片づけたい感情」を引き出す質問をしましょう。

例えば、子どもがリビングにモノを散らかしているなら、少し底が深い段ボールにゴチャッと全部入れて、フタをしましょう。

つまり、その箱に入れられたら取り出すのが大変だ、という状態を作るのです。そして、子どもが取り出している様子を見ながら「大変そうね」と声をかけます。すると子どもは「そうなんだよ、面倒なんだよ」と答えるでしょう。

そこですかさず**「じゃあ、どうすればすぐにモノを取り出して使えると思う？」と質問。ポイントは、決して正解を言わないこと。**

しばらく考えて子どもが「箱の中に入れないで、すぐ取り出せる場所に置いたらいい」とか「自分の部屋を片づけて棚に置けば取り出しやすい」という答えを導き出したら、しめたもの。自己決定したことですから、子どもは必ず実行するはずです。

# 「この怒りのパワーを活かすんだ！」

## ただ怒っているだけじゃもったいない

イライラしているときに誰かと話をすると、言葉づかいが荒っぽくなったり、無意識にトゲトゲした言い方をしてしまい、後悔したことはありませんか？

じつは、怒りは決して悪い感情ではなく、人は、**怒りの感情を抱くと行動力や問題解決能力が非常に高くなる**、ということがわかっています。

普段言いたいことが言えず感情を飲み込む人は、怒りのパワーを、一歩踏み出す発言力に役

立ててみて。また、なかなか自分から話しかけられない人は、積極的に声をかける行動力につなげてもいいですね。

怒りを行動力に変えるために、イラッとしたらこのフレーズをつぶやきましょう。日頃から「目標」を意識しておくと、すぐに行動に取りかかることができます。それでも怒りがおさまらないときは、心を安定させる「書く」行為もオススメです。

気持ちが苛立ったときに効く テクニック 1

# 「腹が立ったらやる」ことを事前に決めておく

怒りの感情の勢いをうまく活用して、自分の目標実現に役立てましょう。そのためには、日頃から「やりたいこと」を決めておくことが大切。料理の上達が日頃からの目標なら、勢いで料理教室に入会するのもいいでしょう。怒りのパワーはあまり長くは続きません。僕自身は「今のうちにこの本の校正作業を一気にやっつけよう」と、事務作業に役立てることも。すごくはかどりますよ。

気持ちが苛立ったときに効く　テクニック 2

# 人に話すより、紙に書き出す

怒りのパワーを行動力につなげたとしても、相手への感情がくすぶり続けることがあります。こんなときは人に話を聞いてもらうのもいいですが、不完全燃焼感が残ることも。そんなときに心を安定させる効果が高いのが「紙に書くこと」です。「○○さんに△△されて嫌だった」というふうに整理して書くと、感情を自分の内側から外に出すことができ、スッキリして相手に向き合えます。

応用編

# 「ネガティブ感情」に名前をつける

イライラした気持ちを紙に書き出したいけれど、個人名を書くのは気が引ける、落としてなくしたら大変、そんな気がかりがあるかもしれません。そんなとき、道具いらずでできるのが「感情を言語化する」という方法です。

実際に「感情を意識的に言語化すると、恐怖や攻撃性に関係する脳の扁桃体という部位の興奮状態がおさまる」という研究報告もあります。

具体的には、こんなふうにやってみましょう。例えば「今、すごく怒ってるな。怒り、怒り……」とか、「気持ちをわかってもらえなかったから悲しいんだな。悲しみ、悲しみ……」というふうに、**感情を言葉に変えて、頭の中で繰り返し唱えるのです**。あの仏陀も、このやり方を瞑想法に取り入れていたといいます。

僕自身は、なかなか仕事に取りかかる気分になれないときに「あ〜、今〝やる気なし男〟がやってきてる。やばいなぁ」なんてつぶやくこともあります（笑）。

こんなふうに、心の中のネガティブ感情に「名前」をつけて別人格を作ることによって、感情と分離することができ、分離できれば、上手にコントロールができるのです。

# メール下手なあなたへ
# NGメール&神テクメール

## メールで人を操れる⁉

家族や友人、あるいは仕事相手に、僕たちは日々数えきれないほどのメールを送っています。でも、それがあまりに当たり前すぎて「言葉の持つ驚くほどの可能性や恐ろしさ」に無頓着になっているのです。

じつはメールには、口下手な人でも読み手の感情を揺さぶって涙させることができる、読み手のイメージを巧みにコントロールできるなど、生の会話にはない長所があります。

そしてメールには「相手をあなたの望み通りに行動させる」という隠れたゴール（目的）があるのです。

例えば、ビジネスパーソンがクライアントに送るメールには「商品を買ってもらう」、あなたが友人に送るメールには「あなたの家まで遊びに来てもらう」「あなたの好感度を高める」、というふうにはっきりした目的が隠れているのです。

ここでは、メンタリストである僕が、メールの力を100%発揮して「相手をあなたの望むままに導く」、とっておきのメール術をお伝えしましょう。

## メールのやりがち　NGリスト

あれこれたくさん書く

きれいな文で書く

自己中心的に書く

# こんなメールは嫌われる⁉

ひと言で終わるような用事を長文で「たくさん」書くと、相手の想像力が入り込む余地がなくなり、うんざりしてしまいます。かといって、理路整然とした表面的で「きれい」な文章では、あなたの感情や人間性を盛り込むことができません。また、これを伝えたい、あれを言いたい、と「自己中心的」なメールも相手の心には残らないのです。

メールの神テク 1

# 相手のメリットから書き出す

すでに決まっている事柄を伝えるときにNGのような理路整然とした表面的な言い方では「え？ 思ったより参加費高い！ 参加したくない」と思われる場合も。僕自身、よく取引先から「弊社規定により……」と説明を受けるのですが、「そのルールって、こちらのどんな得になりますか？」と切り返すと相手は絶句してしまいます。情報は伝え方次第なのに、もったいないなと思うのです。

こういうときは、まず「相手にとってどんなメリットがあるか」から書き出すのがコツ。メールを受け取った相手にとって魅力的な事柄をしっかりと表現してから、自分の伝えたい事柄を伝える、というふうに順番を逆転させるだけで、印象はがらりと変わります。

NG

例年、この金額でお願いしているので、保護者懇親会の参加費は8，000円（お土産代込み）でお願いします。
○月△日までに集金袋にて提出をお願いします。

OK

今回の集まりが参加者のみなさまにとって楽しく、実り多いものとなるよう、企画者一同、張り切って準備を進めております！

保護者懇親会参加費は8，000円となりますが、素敵なお土産つきです。

恐れ入りますが、○月△日までに集金袋にて提出をお願いします。

メールの神テク **2**

# 断るときは「大義名分」＋「丁寧な感謝」

友だちからの誘いを断るとき。もしも本当に疲れているからだとしても、NGのように自分の都合だけ書くようなやり方では、受け取った相手は「このメンバーだと気が進まないのかな」などと深読みし、あなたへの印象も悪くなってしまうかもしれません。相手にお断りをするときには、嘘も方便。聞いた相手が「がんばって」と言いたくなるような〝大義名分〟を理由にするのがポイント。断る理由が「仕事」であるときも「こういう思いで、がんばりたい仕事なんだ」と説明すると、相手も素直に応援してくれるはず。

さらにメールの文末に、誘ってくれたことへの丁寧な感謝

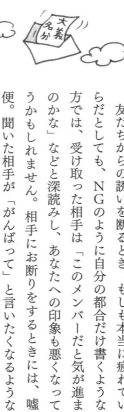

の言葉も添えれば、相手の気持ちを害する確率をほぼゼロにすることができます。

NG

ランチ会の誘いだけど、ちょっと最近疲れているから、やめておくねー。

OK

じつは今、親の介護で大変な友だちの代わりに買い物とか家事のお手伝いをしているの。お誘いはすごく嬉しかったけれど、ごめんね。誘ってくれてありがとう。

メールの神テク 3

# 新しいこと、興味をそそることを書く

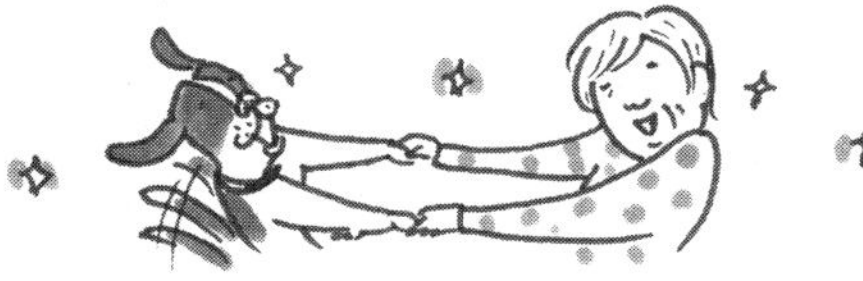

相手がどんなものに興味を持っているのかを把握して書くと、メールはぐっと好印象に。例えば犬を飼っている夫のお母さんを食事会に誘う場合。NGでは、「都合のいい日程を知りたい」というあなたの希望だけを伝えていますが、OKでは、相手の興味を満たしています。

相手の心を動かすキーワードを見つけるには、日頃から相手を観察することはもちろん、FacebookやTwitterなどへの書き込みをチェックするのも有効。「ピザが食べたいな」とつぶやいていれば、「石窯で焼くパリパリのピザの店を見つけたんですけど、ご一緒しませんか？」と相手の興味をピンポイントで刺激してみて。きっと、即答がもらえるはず。

**NG**

お食事会をさせていただきたいのですが、お義母さんのご都合のいい日程をお聞かせいただけないでしょうか？

**OK**

○○町にとても素敵なドッグカフェがオープンしたそうです！
お連れしたいのですが、
ご都合のいい日を
お聞かせいただけないでしょうか？

メールの神テク 4

# 追伸をつける

じつは、人が無意識のうちに最も深く読み、心に残ってしまうのが「追伸部分」です。相手への連絡事項を締めくくった後に、「追伸」とか「最後になりましたが」と書かれた言葉によって文章にぬくもりが生まれ、相手との距離もぐっと近くなります。

これは、「人は達成された課題よりも達成されなかったことや中断されていることのほうをよく覚えている」という「ツァイガルニク効果」という記憶の仕組みのためです。追伸は、テレビドラマでいう「次回予告」のようなもの。本編よりも印象に残り、ワクワク感を高めます。コ

ツは、「あなたが伝えたい願望」や「行動させたいこと」をちりばめること。相手と仲良くなりたいときにはこの追伸が決定打になります。

**NG**

またお目にかかれますのを楽しみにしています。

**OK**

またお目にかかれますのを楽しみにしています。

【追伸】
連休に、箱根に行ってきました。
○○さんに喜んでいただけそうなお土産を買ってきましたので、次回お渡ししますね！

# 第2章

# 「片づけられる自分」になる

「片づけ」は、〝一瞬で人生が変わる〟ことと、強烈にリンクしています。

なぜなら、「これは必要か、必要でないか」を決める「判断力」と、「捨てる！」と決める「決断力」は、いずれも、片づけを実践することによって鍛えられる力で、この力を鍛えることによって同時に「弱い自分を変える」ことができるからです。

必要なものと必要でないものを判断できない人が、自分に必要な人間関係を選ぶことはできません。

物言わぬモノすら捨てられない人に、不毛な人間関係を断ち切ることはできません。

誘われるがままになんとなく飲み会に出かけて、「楽しくなかった、貴重な時間をムダにしてしまった」と嘆く人がいますが、「なんとなく付き合う」ことに限られた時間を費やすのを決めたのは自分なのだ、と自覚すると、今度からはどうすべきなのかがわかるはずです。

僕自身は、人生に与えられた時間、好きなことに費やすことができる時間は限られている、という思いが強い。ですから、自分の心の中で「この人とはご飯を食べに行くけれど、あの人とは行かない」という基準が定まっているので、誘われたときに「行くか、行かないか」と悩むこともありません。

「部屋」というスペースも、時間と同様に、限られています。そして、部屋にはその人の心理状態が表れます。散らかった部屋に暮らす人はジャンクフードを食べる、だらだらと生活する、といった「よくない選択をする」傾向にあることも研究によってわかっています。

増えすぎるモノによってストレスを感じ、集中力も行動力も奪われているとしたら、相当もったいないことだと思いませんか？

自分は本当に片づけが苦手、何をやってもダメだった、という人のために、すぐに実践できるフレーズをこの章ではたくさん用意してあります。

**「5分後にやる気が出てくるから」**（P82）

というフレーズは、何はなくとも5分間だけ片づけを始める、という行動をすることによって、やる気を司《つかさど》る脳のドーパミンの分泌がアップし、片づけが楽しくなってくるという「作業興奮の原理」を活かしたものです。

**「これが欲しい人、いるかな？」**（P88）

というフレーズは、捨てることによって手に入れることができるものの価値を知ることが、「捨てる」という行動を容易にすることをお伝えしたくて作りました。

人は、どうして捨てられないのか。僕は、「捨てることによって選択肢が狭まるから」だと考えています。

捨てなければ、また後日に捨てるかどうかを検討することができる。

しかし、そうやって選択肢を残し続けることによってモノは延々と増え続け、絶えず「散らかっている」という罪悪感と「捨てようかどうしようか」と迷うことによる心の消耗がついて回ります。

反対に、モノを手放して誰かにあげれば、その人からの「感謝」を手に入れることができる。もちろん、スッキリとした空間も手に入る。それだけでなく、無意識のうちに消耗していた「意志力」も手に入れることができるため、行動力が生まれ、本当にやりたかったことをバンバン実践できるようになります。

片づけは、定期的にするものではありません。僕は常に「二度と片づけなくていい空間」を保つことを心がけています。

「自然は真空を嫌う」と哲学者のアリストテレスが言ったように、収納グッズを買うと、どうしてもそこにモノを入れたくなり、モノが増えていくことは避けられない。

だから、僕は収納グッズもすべて処分しました。とにかくモノが少ないわが家は、片づける必要がありません。掃除はルンバがやってくれる。片づいた部屋は、人生をシンプルにし、やりたいことに集中する意志力と行動力を最大限にしてくれるのです。

マンガ

# 「5分後にやる気が出てくるから」

## 今はやる気がなくても自然に出てくるもの

1日かけて片づけをしたのにすぐ散らかってしまい、がっかりしてしまったことはありませんか?

じつは、片づけがうまくいかない人は、収納グッズを買ったり、掃除術を学ぶ前に、するべきことがあるのです。それは、やる気を出したり、心を落ち着けたりするための「心の操り方」を学ぶことです。片づけがおっくうで散らかった部屋を放置してしまいがちな人は、ま

# 007

ず、動いてみましょう。

人間には動き始めて5分後にやる気が出てくる、という「作業興奮の原理」があります。**「やる気が出てから動く」のではなく、「だまされたと思って5分だけ動く」が正解**なのです。また、ほこりがたまりやすいテレビの横にはたきを置いておくなど、「場所」と「行動」をセットにすることも大切。これらを意識するだけで、部屋がどんどん片づいていきます。

# 「場所」と「行動」をセットにする

掃除道具が棚の奥にしまい込んであったり、あるいは仕事机に漫画や仮眠用のクッションが置いてあったり。このように「場所」と「行動」が一致していないことが、目的の行動を後回しにする原因になります。部屋をきれいにしたいなら、掃除の道具をすぐ手にとれる場所に置くこと。また、その場ですべき行動に関係ないものは思い切って処分しましょう。

片づけられない……そんなときに効く テクニック 2

## 単純なことから手をつける

心理学の「作業興奮の原理」とは、やる気がなくても手や体を動かすと5分後にはやる気を司るホルモンであるドーパミンが分泌される、というもの。やる気が出ないときには、あまりやる気がなくてもできるようなこと、例えば玄関の靴を揃える、ゴミ箱のゴミをまとめる、といった単純なことでいいので実行してみましょう。次第に、もっとやりたい、という意欲が湧いてきます。

応用編

# 部屋を片づけると、「続けられる人」になれる！

じつは僕自身、片づけが大好きです。なぜなら、片づけることで脳に入るノイズを減らせる上に、行動力と集中力を大幅に高めることができるからです。僕の部屋は常に片づいているので、何をするのもスムーズで、何かを探したりすることはありませんし、84ページのテクニック1で紹介した方法も日々実践しています。

例えば、僕はジムにほぼ毎日行きますが、朝起きたらパジャマを脱いで、枕元に置いてあるトレーニングウエアに着替えます。そして顔を洗って台所に行くと、引き出しにはジム道具一式が入っているので、「寄り道」なくジムに出かけられるのです。

ハーバード大学教授、ショーン・エイカーは、**「もっと増やしたい習慣は『したい』と思ったときに20秒以内にできるように、頻度を減らしたい習慣は始めるのに20秒以上かかるようにする」**という「20秒ルール」を提唱しています。

片づけることの恩恵により、居心地がよくなるだけではなく、この20秒ルールも取り入れやすくなるので、続けたい習慣を増やせます。つまり、誰もが「続けられる人」になれるのです。今まで挫折していたヨガや英会話だってスムーズに上達するはずですよ。

# 「これが欲しい人、いるかな？」

## もらって喜ぶ人がいないか考えてみる

「いつか何かに使うかも」「思い出のモノだから」――こんなふうに思って捨てられなくなることはありませんか？

捨てることを惜しむばかりでは、いつまでもモノがあふれて片づかない、というループにはまってしまいます。

**「もったいない」**という意識を外すには、**「捨てることによって得られる価値」**に意識を向けるのがポイントです。例えば、ただゴミ箱に捨てるのではな

# 008

なく誰かにあげてはどうでしょう？　プレゼントすることによって相手は喜び、あなたは信頼感という目には見えない「価値」を得ることができます。また、僕はプリントや書類などの紙類は、スマホのカメラで撮影して、捨てることにしています。そうすることで、「これはとっておくべきか」と迷うことがなくなり、心がスッキリするというメリットを獲得できるのです。

モノを捨てられないときに効く テクニック 1

# 紙類はカメラで撮影して、捨てる

プリントや説明書など、日々どんどん増えていく紙類。これも「いつか必要になるかも」と思うと捨てられませんよね。そこでオススメは、「現物が必要なもの以外はカメラで撮影して、捨てる」というルールにすること。「撮影した」ということによって「いつか必要になるかも」という迷いから解放され、脳に「空きスペース」ができ、もっと大切なことに活用できるのです。

モノを捨てられないときに効く　テクニック　2

# 人にあげることで「感謝」や「信頼」を得る

「まだ使える」と思ったり、自分にとって価値があると思えるモノは、たとえ使っていなくても捨てることへの罪悪感が湧くもの。そんなときは、これをあげたら喜ぶ人はいないかな？　と想像してください。捨てるとゼロになってしまうモノも、人にあげれば「感謝」や「信頼」など、目に見えない価値に変えることができる。そう思うと、もったいないという気持ちもおさまります。

応用編

# 「選択肢」を減らすほど、「人生の質」を高められる！

人間が最もエネルギーを消費するのは、「モノを捨てようとするとき」です。なぜなら、なんとも思っていないようなお茶の缶でも、いざ捨てようと思ったとたん、「待てよ、これはペン立てに使えるかも……」などと考え始めるから。そうやって人は、「捨てない理由」を探すために、異常なまでの想像力を発揮します。

人はなぜ捨てる行為を嫌がるのか。それは、捨てることによって「選択肢が狭まる」からです。

捨てなければ、また後日、捨てるかどうかを検討できる。だから、人は決定を先延ばしにするクセがあるのです。ただ、こんな面白い実験もあります。

24種類のジャムと6種類のジャムの試食コーナーを作り、試食後の売り上げを比較したところ、6種類のジャムの試食を提供したほうが売り上げが6倍だったというのです。たくさん試食したほうが購買欲は増すと思うのに、意外ですよね。

この実験が示しているのは、**人間は選択肢が増えると、迷うことで消耗し、行動力がなくなる**、ということ。これを人生に当てはめると、モノを捨てずに選択肢を広げたままでは、行動力が低下するいっぽうだともいえます。捨てることは、行動力を高めるのです。

片づけに集中できないときに効くワンフレーズ

# 「この袋を捨てるモノでいっぱいにする」

## ゲーム感覚で目標と報酬を決める

明日、来客があるのに、なかなか片づけに身が入らない、ということはありませんか？ **「自分は片づけが苦手だ」という思いがあると、どうしても「今日は疲れている」とか「やる気が出ないから」などと、「片づけない理由」を探してしまう**もの。しかし、そのままではいつまでも行動に移せません。

苦手な片づけに集中でき、しかも「好きなこと」に変える秘訣は、「片づけをゲーム化」す

# 009

ること。例えば、「〇分以内に終えること」とタイマーをセットしたり、「とにかく、この袋を捨てるモノでいっぱいにする」といったゴールと、その報酬を決めると、それをクリアしようと自然と集中できます。また、好きな音楽などを聴きながらだと作業ははかどるものです。僕も掃除のときにはオーディオブック（書籍を朗読したもの）を聴いていますよ。

片づけに集中できないときに効く テクニック 1

## 「楽しいこと」とセットにする

音楽が好きな人は、ヘッドフォンで好きな曲を聴きながら片づけをするのもオススメです。僕は、読みたい本をオーディオブックのアプリでダウンロードすることで、掃除をするときも、読書タイムに変えています。「片づけの時間」が自動的に「趣味の時間」になるのですから、やる気アップ間違いなしです。きっと、片づけに対するイメージもよりよいものになるでしょう。

片づけに集中できないときに効く　テクニック 2

# 片づけを「ゲーム化」する

タイマーをセットして「この時間内に片づけられたら自分にご褒美」というゲームにしてみましょう。これは、終わりが見えるとモチベーションが高まり、制限があると想像力が高まる、という心理法則を利用したやり方です。また、段ボール1箱とか、ゴミ袋1袋分のモノを捨てる、というゴールを設定するだけでも、ゲーム性が増して、集中力がアップします。

応用編

# 「行動」よりも「結果」をイメージすれば葛藤がなくなる

僕はつねづね、「何が人を苦しめているか」というテーマで考えるのですが、一つの結論として「迷い」ではないかと思っています。

例えば僕が日課にしているジムトレーニングも、行くまでは「出張帰りで疲れてる」とか「眠い」など、葛藤があるわけです。

しかし、いざトレーニングを開始してしまえば、筋肉がつく、達成感が得られる、気分がスッキリするなど、メリットがたくさん得られることとは明白です。

そんなときの必勝対策は、**「終わった後に何が待っているか」をイメ**

**ージする**こと。片づけなら、片づいて気持ちのいい空気が流れる部屋で、いれたてのコーヒーを味わう時間を想像してみましょう。同時に、「行動しなかった」場合のこともイメージするのです。片づけをしないで、家でごろごろして余計なものを食べて、散らかったままの部屋があるだけ……。
リアルに想像してみると、「今ちょっと先延ばしにすることで、これからずっと苦しみが続く」ことが理解できます。こんなふうに、ちょっと視点を変えて、行動した場合、しなかった場合の2パターンの結果を想像すると、すんなり行動できますよ。

ストック品を買いすぎる前に効くワンフレーズ

# 「ないと本当に困る？」

## 分析するために、自分に聞いてみる

「トイレットペーパー、なくなりかけてたかも」「醤油、ストックがあったかどうか忘れちゃった」。で、買ってしまう。――こんなふうに、外出先でストックを買いすぎるクセがあると、家の中のモノはどんどん増えていきます。店頭には、「買わせよう」という戦略があふれています。「期間限定価格」や「もう1個買うと20％オフ」、こんな宣伝文句があると、「今買わないと損をする」という意識が

# 010

働いてしまいます。

しかし、**冷静に考えると、「家にあったっけ?」と悩んで集中力を失ったり、部屋にモノがあふれたりすることのほうが、損失が大きいのです。**解決法の一つとして、ネットの「定期購入」を使うと、「ないかも」という不安から解放されます。また、モノが占有する面積を実際にお金に換算すると、モノを増やすことのほうが損失が大きいことに気づけます。

ストック品を買いすぎる前に効く　テクニック　1

# 物置きにしている空間の「賃料」を計算してみる

僕自身が実際にやってみた方法が「モノを置きっ放しにしている空間を賃料に換算すること」。例えば１００平方メートルで１００万円の家賃を支払っていると仮定して、ストックが置いてあるスペースが１平方メートルとします。自分はこの小さな空間に月１万円支払っている、と思うと「ストックを買いすぎることによって空間、そしてお金まで損失している」と自覚できます。

ストック品を買いすぎる前に効く　テクニック　2

# ネット通販の定期便で注文のプレッシャーから逃れる

例えば「醤油がなくなりそう」とスーパーに買いに走り、醤油だけを買って帰ることができる人はあまりいないでしょう。多くの場合、余計なものを買ってしまい、モノを増やすことに。でも、ネット通販の「翌日お届け」を利用すればムダ買いもなし。さらに、1カ月に1回、など自分で期間を設定できる定期便にすれば「なくなるかも」というプレッシャーからも解放されます。

応用編

# モノがあふれて困る人ほど「第三者」に手伝ってもらうのが◎

「ストックが残り少ないかも」と不安になりがちな人は、ついモノを余計に買ってしまいがち。このような不安を感じやすい人は、困ったことに捨てるのも苦手です。「もしかしたら使うかも」と思うと、不安がふくらんで捨てる決意ができないからです。

最近、家事代行サービスや片づけサービスが増えていますが、「モノが増えてしまってどうしようもないとき」にこそ、第三者の力を借りることが威力を発揮します。

例えば家族や友人に手伝ってもらっても、あなた自身、わがままが言えるために、どうしても「捨てる」行動にブレーキがかかりがち。しかし、**相手が第三者のプロであれば、きっぱり捨てる決意をすることができるでしょう。**

プロにお願いするためにたとえ1万円ほどかかったとしても、部屋の中がきれいになるなら安い出費です。行く価値のない飲み会を3回断ればおつりがきますよ（笑）。

また、部屋がきれいになり、モノが少なくなることによってあなたの行動力や集中力は格段に高まり、近い将来きっと1万円以上の利益として返ってくるでしょう。

# 「悪いことが起きたのは、部屋が散らかっているせい」

## 部屋を整えれば、運を引き寄せられる

せっかく部屋をきれいにしたのに、嫌なことがあってイライラしたり、落ち込んでいるうち、あっという間に部屋が散らかって、荒れた生活に逆戻り。そんな経験はありませんか？

「部屋はその人の心理状態を表す」といいますが、たしかに疲れると、掃除や片づけをするのがおっくうになりますよね。でも、そのまま散らかった部屋の中にいると、汚れた環境によってますますイライラし、気分の

# 011

落ち込みはさらに悪化、という悪循環に。

まずはしっかり睡眠をとって体力を取り戻すことが大切ですが、**こんなときこそ逆に「嫌なことが起こるのは部屋が汚れているから」と気持ちを切り替え**てみてはいかがでしょうか？

うまくいかないときこそ部屋を改造してリフレッシュし、前向きに行動して運を引き寄せましょう。

# インテリアショップをきめ細かく観察する

仕事などの帰り道に素敵なインテリアショップに寄って、「こんな部屋がいいな」と思う家具の配置やインテリアを観察しましょう。帰宅したら「あの素敵な空間に絶対に置いていないものは何だろう」と部屋を見回して。センスのないプラスチックのかご、積み上げた雑誌や新聞など「これはありえないな」と思うものを捨てるだけで、部屋はスッキリ、センスもよくなり、気分も上がります。

部屋の荒れを解消するときに効く　テクニック 2

# イラッとしたら模様替えする

嫌なことがあったり、イラッとすることがあったときのオススメは、模様替えをすること。大がかりなことはしなくてもいいのです。テーブルの向きを変えるだけでも、普段見る景色ががらっと変わって考え方までリフレッシュできるから不思議です。人間関係はなかなか変えられませんが、自分の部屋は好きに変えられる。片づけ上手になると気持ちの切り替えも上手に！

応用編

# 部屋が片づくとなぜかダイエットも成功する

「片づけをしなくては」と思っている人は、散らかっている自分の部屋を見るだけでストレスを感じ、そのストレスを発散するために、やけ食いをしてしまいがち。

このことは、実際に部屋の散らかり具合が人間の心理にどう影響を与えるかを調べた実験からも明らかにされています。

散らかった部屋ときれいに片づけられた部屋にそれぞれ入ってもらうと、**散らかった部屋に入った人は自分にとってよくない選択をしやすくなる傾向が見られた**そうです。

「よくない選択」とは、ジャンクフードを食べるなど、怠惰な生活を送ること。このように、散らかった部屋はあなたを太りやすくし、集中力を奪い、幸運を逃《のが》すという負のスパイラルを強める、諸悪の根源だととらえるのが正解です。

寝室が散らかっている場合も要注意。片づけなくてはというストレスを感じながら眠ると睡眠が浅くなり、成長ホルモンの分泌も下がり、体脂肪が燃焼しにくい体になってしまいます。

美しくなりたい女性は、まずは部屋の片づけに着手しましょう。睡眠の質もよくなり、何もしないで自然とやせる、という目標が叶う可能性大です！

# 「収納スペースは必要ない」

## そもそも収納スペースの問題じゃない！

収納スペースがないから片づかない、あるいは、片づけをするために棚やボックスなど収納グッズを買う、という人がいますが、それは「空間」というものを誤解している証拠。「空間」についての考え方を改めると、一気に片づけ上手になれます。

「自然は真空を嫌う」と哲学者のアリストテレスが述べたように、**人は空いた空間を見つけると、つい埋めたくなる性質を持っています。**そして、収納グッ

# 012

ズを買うと、そのぶんだけ部屋の空間が狭くなります。

限られた収納スペースを「入れやすく、すぐ取り出せる空間」にするためには、まず、必要ないモノを捨てること。さらに、収納グッズごと処分すると一気にスッキリします。僕自身は、手を伸ばしたら必要なモノだけに触れられる空間、そして、「二度と片づけなくていい空間作り」を片づけの目標にしています。

# 余計な収納グッズは置かない、買わない

僕自身が部屋の片づけをするときに、最初に行なったのが「収納グッズを捨てること」。収納グッズがあると、どうしても「そこにモノを置きたい」という欲望で自分を追い詰めがちになり、余分な出費のもとにもなります。しかし、収納グッズがなくなれば、モノの置き場所がなくなり、モノを減らせる。「どんなに便利そうでも、収納グッズは買わない」と決意し、今も実践しています。

収納スペースがないときに効く　テクニック 2

# 収納を「入れやすく、さっと取り出せる空間」に

疲れて家に帰って、上着をそのへんに置いてしまう人のクローゼットは、たいがい服でいっぱいで、パンパンです。そうではなく、今ある収納スペースを「常にさっとしまい、さっと取り出すことができるスペース」にすることが、片づけ上手への早道です。また、思い切って服を処分するときにはハンガーごと処分を。ハンガーを残すと、つい新たな服を買い足したくなるからです。

応用編

# 部屋が片づくと時間の使い方が上手になる

片づけの目標は「自分の居場所を、二度と片づけなくていい空間にすること」、とお話ししました。なぜなら、片づいた快適な空間であれば自分の必要なモノにすぐ手が届き、やりたいことをすぐ実行できるようになるから。

すべて「好きなこと、やりたいこと」を実現する道へとつながるのが、片づけの面白さでもあります。

片づける、という視点で生活を見回すと「スマートフォンを見る時間」も片づけの対象にすることができます。僕はつねづね、もっと時間があれば好きな読書タイムを増やせるのにと思っていましたが、「スマートフォンのSNS着信通知を切る」、たったこれだけで莫大な時間を生み出せることに気がついたのです。

ある心理学者の研究によると、**SNSの通知を1回受け取った後に、集中力を元の状態に戻すには20分もかかった**そうです。

1日にあなたのSNSは何回着信しますか？

知らないうちに時間を奪われている、という事実を知ってから、僕は通知をオフに。メールもチェックする時間を決め、そのときだけ確認することにしています。

ムダな時間の片づけも上手になる。片づけってなかなかお得だと思いませんか？

## 自分は捨てられない性格と思っているあなたへ

# 「捨てられない」は思い込みだ！

**「捨てられない性格」なんてない**

「これは便利！」「何これ！ かわいい」と思うとすぐに買ってしまう。「いつか使うかも」と思うと、もったいなくて捨てられない。こんなふうに身

の回りがモノであふれてしまい、「自分は捨てられない人間だ」なんて悩んでいませんか?

でも、**モノがあふれるのはあなたの性格の問題ではなく、「モノを捨てる決断ができない状況にたまたま陥っているから」。つまり、単なる思い込み**なのです。

目の前にあるものを「捨てる」「捨てない」という決断をしているのは、脳の「前頭葉」です。この前頭葉は、脳の司令塔ともいわれ、決断や判断をする際の「意志力」を司っていますが、意志力はストレスや睡眠不足、疲れなどによって低下します。

モノがあふれ、散らかった部屋にいると、部屋の住人に知らず知らずのうちに「捨てられない、片づけられない自分はダメな人間なんだ」という重圧がかかります。そして、そのストレスによって余計に意志力が低下し、ますます捨てられなくなる、という悪循環が起こってしまいま

す。散らかった部屋で眠るとそれだけで睡眠の質が低下する、という研究もあるくらいです。

でも、安心してください。メンタリズムを使えば、ちょっとした思考スイッチの切り替えによってスムーズに「捨てられる」ようになるのです。もったいないという気持ちを「捨てる代わりに得られるものがある」と切り替えたり、捨てるのが楽しくて仕方がなくなるような技を使ったり、捨てるタイミングを変えるなど、僕自身が日頃実践しているやり方をお教えしましょう。

きっぱり捨てられるようになる！

## スイッチ 1 朝一番に捨てる

一念発起して片づけ始めたのはいいけれど、「捨てる候補」がたまる一方で、最後には「やっぱり捨てられない」と挫折……。こんなこと、ありますよね。じつはこれは「捨てる判断をする時間帯」を間違えていることによる失敗です。

片づけをすると、疲れがたまり、日が暮れるころには意志力は最も低いレベルに。そもそも意志力が低下したときに捨てる決断をしようとするから失敗するのです。捨てようと思ったら、掃除は朝一番に始め、朝のうちにゴミ捨て場へ。朝は意志力が高いので、スムーズに捨てられます。

## スイッチ 2 「捨てることで手に入るもの」を考える

とにかく捨てたくない、と思ったら、「捨てることによって手に入るもの」を考えてみましょう。捨てると、そのモノが置いてあったスペースが空き、新たな空間が手に入ります。スッキリと片づいた部屋の中では気持ちもスッキリし、仕事や家事の集中力も格段にアップするのです。

また、「捨てようかどうしようか」と迷う時間がなくなるため、自由な時間が手に入ります。「これを捨てることによってもう二度とこの場所を整理しなくていいんだ」という爽快感をイメージしてみると、気持ちよく捨てられるはずです。

きっぱり捨てられるようになる！

## スイッチ3　人にあげて、「お返し」もGet！

91ページでは、人にあげて感謝や信頼を得る、というお話をしましたが、じつは「お返し」も期待できるんです。

捨てることでそのモノの価値がゼロになってしまうような喪失感があると、捨てる覚悟がなかなか決まらないもの。そんなときは、友だちなどにあげるという方法も効果的です。誰かの役に立つと思えば、手放す勇気も出ます。また、多くの場合、人は「してもらった行為よりももらったモノに感謝する」という心理的法則があります。形あるモノをプレゼントすると、相手の印象に残り、かなり高い確率で相手からお返しを受け取ることができますよ。

## スイッチ4　捨てるモノよりも目標を決める

目の前のモノを見つめながら「捨てるか捨てないか」と思案するうちにどんどん時間が経ってしまう。

そんなときは、「今日はこの棚回りを30分間で片づける」「今日はゴミ袋3つ分だけ捨てる」「このスペースを空っぽにする」というふうに、自分でその日の目標を決めると、行動を前に進めやすくなります。

捨てるモノにとらわれず、空にする空間や、捨てるモノの量を決めてしまえば、その目標の達成のために、さくさくと捨てる決断をしやすくなるのです。目標を達成した気持ちよさを味わうと、捨てることが快感になりますよ。

きっぱり捨てられるようになる！

## スイッチ5 大きいモノから捨てる

こまごましたモノを捨てても部屋全体の見た目はほとんど変わりません。

そこで、「捨てるときには大きいモノから」というルールを作ると、俄然、捨てる作業が面白くなります。あまり使わなくなった大きな家具やスキー板などを捨てると、占領されていた場所が広く空くので、気持ちがスッキリして片づけるモチベーションが高まるもの。ちなみに「模様替え」も同様に、家具を動かすためにモノを減らす作業が必須となるので、捨てるモチベーションが高まります。毎月1回模様替えをする、などとルールを決めれば、捨てる作業が習慣化できるのです。

# 第3章

# 「いつでもやせられる自分」になる

「ダイエットは、誰にとっても達成困難な永遠のテーマ」といわれます。ダイエットに関する研究を見渡してみると、ダイエットの成功の法則はとてもシンプルで、「動かないでやせるのは無理！」ということがわかります。

食事制限だけで体重を落としても、筋肉量が減ってしまうから代謝が落ちるし、リバウンドしやすくなり、どんどん太っていく。つまりダイエットの成功からはほど遠くなってしまうのです。

このように、「動くしかない」というごくごくシンプルで、言ってみれば面白みもない本質的な結論が出ているのに、人はそれをやりたくないがために、言い訳をします。

走る場所がない。スニーカーがない。時間がない。

そうやって言い訳を見つけては物事を複雑にして、現実から逃げようとします。

そして、「これだけ飲めばやせる！」という眉唾物の商品に引っかかってしまうのです。

ダイエットを成功に導く答えは簡単。

**「いいから、動け」**

です。さらに、日常でついつい甘いものやジャンクフードを食べてしまう人に効果的なフレーズ、エクササイズをサボりがちな人が自動的に継続できてしまうフレーズを、この章ではご紹介していきます。

例えば、やめられないスイーツも、「義務化」することによって一気に食べる気分ではなくなってしまうという心理メカニズムを利用したフレーズが、

**「これから毎日、食べ続けなくてはならない」**（P132）

というもの。「明日からずっと……」というフレーズは、意外と人の

心に訴えかける力が強く、その義務感の苦しさから間食を減らす効果が

現れます。

**「これから悲しいニュースは一切見ない」**（P138）

というフレーズは、ダイエットとどう関係するの？　と不思議に思う

かもしれませんね。

じつは、事故や自殺などの悲しいニュースを見ると、そのやりきれな

い気持ちを打ち消すために人は甘いものを食べたくなる、といった「恐

怖管理」という心理メカニズムがあるのです。

なんとなく見てしまう芸能人のゴシップもしかり。自分は悲しいニュ

ースやゴシップを本当に見たいのだろうか？　と問いかけ、必要ないも

のを放棄していくことによって、負の感情をかきたてられ甘いものを渇

望する、という悪循環から逃れることができるのです。

また、

**「帰宅して服を脱いだら、すぐに腹筋」**（P150）を使って「上着を脱いだら、すぐにスクワットする」というふうに自分の動作と継続したいエクササイズをセットにしてしまうフレーズを唱えると、「やろうかな、やめようかな」と迷う前に、行動することができます。

自己嫌悪や罪悪感がつきものであるダイエットの悩みから解放されれば、達成感、そして自信も得ることができ、物事を明るくとらえることができるようになる。もう、「やせたい」という思いにとらわれることもなくなるのです。

間食をやめたいときに効くワンフレーズ

# 「これから毎日、食べ続けなければならない」

## おやつに手がのびたら想像してみる

このフレーズは、「ついやってしまう行動をやめる方法」として、行動経済学者のハワード・ラクリンが提唱している理論をベースにしています。

彼は禁煙したい人に「今日10本吸ったら、明日も10本吸わなければいけない」と、クセになっている行動を「義務化する」実験を行ないました。

その結果、不思議なことに被験者の喫煙量が減っていったのです。人は「今日くらいはいい

# 013

だろう」と言い訳をし、おやつに手を伸ばしてしまいがち。しかし、**これと同じ量を毎日ずっと食べ続けなければいけない、と行動が義務化されると「食べたくなくなる」**のです。

あなたも「〜しなければならない」と学校や親に強制的に決められたときに居心地の悪い思いをしたことがあるはず。要はそれをダイエットに利用してやるのです。

# 食べたおやつをスマホの待ち受けにする

おやつを食べるごとにスマホで撮り、待ち受け画面にします。さらに、写真アプリを使ってコラージュにすると、一目でズラリと〝歴代おやつ〟が並べられて、「私はこんなに食べたんだ」と強烈に実感できます。また、身近な友人や家族にダイエットを宣言し、毎日この待ち受けを見せて「また、こんなに食べたの？」とカツを入れてもらうのも有効です。

間食をやめたいときに効く　テクニック　2

# ホワイトボードに「間食」をメモする

ホワイトボードを冷蔵庫などに取り付けて、自分が食べた間食を客観的に「見える化」しましょう。このときのルールは一つだけ。メモを書くたび「これと同じ量を明日からずっと食べ続けなくてはならない」と繰り返すのです。次第に、自分でも不思議なくらい、食べたいという衝動が減ってきますよ。

応用編

# 先延ばし防止作戦

「今、○○をやったら、明日からもずっとこの行動をやり続けなければならない」――このフレーズは、○○の中に「自分がついつい先延ばしにしがちなこと」を当てはめれば、どんな行動に対しても応用が可能です。

例えば、掃除の場面。台所のシンクに汚れを発見したけれど、なんとなく目を逸らしてしまう。「明日やればいいや」と思ったら、このフレーズの登場です。

**「今、この汚れを放置したら、明日も明後日も放置しなければならな**

**い」**とつぶやくのです。すると、先延ばしにしようとしていた思考が止まり、さっと掃除に取りかかれます。

また、ウォーキングなど、自分でやることに決めた習慣を実行するときにも有効です。

人は何か習慣にしようとしたものを1回もしくは2回休んでも再び習慣化できますが、3回続けて休むと、習慣化することが一気に困難になります。「今日サボったら、明日からもずっとサボり続けなくてはならない」と自分に言い聞かせると、「さあ、やろう」と思えるようになりますよ。

# 「これから悲しいニュースは一切見ない」

## 欲する原因を絶つために決意する

このフレーズは、「恐怖管理」という心理学の理論に基づいています。

恐怖管理の理論とは、「人は死への恐怖や無力感を覚えたときに、その感情を打ち消すために安らぎを求める」というもの。

ある実験で、スーパーで買い物をする前に自分の死について考えたグループと考えなかったグループを比較すると、考えたグループのほうがいつもより甘

014

いものを多く買った、という驚きの結果が導かれたのです。

事故や自殺、殺人など、**やりきれない気持ちになるニュースを見ると人は甘いものを食べたくなる。**ですから、ダイエットのためにはいっそ「テレビを見ない」あるいは、悲しい事件を多く流すワイドショー番組を遠ざけるのが有効なのです。

# リモコンを家族に預ける

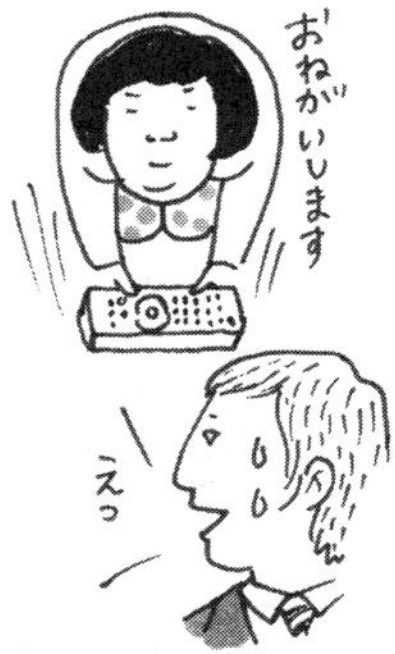


無意識のうちに死の恐怖をかきたてられると、安らぎを求めるために人は甘いものを食べたくなります。ならば、事件や事故など、死の恐怖をかきたてるネガティブな情報がてんこ盛りのテレビのワイドショー番組は見ないのが一番です。家にいるとついテレビをつけてしまう、という人は、外出する夫や家族にリモコンを預けてしまうのがオススメ。

甘いものを食べてしまうときに効く テクニック 2

# 見たい番組はレコーダーに録画

見たい番組は録画し、「録画したものしか見ない」というルールにするのも有効です。そうすれば、ネガティブな情報や消費意欲をかきたてるコマーシャルも自らの意志で飛ばすことができます。「手順が増える」と面倒になって、自分が本当に見たい番組しか見なくなるので、気持ちもスッキリ。心が整理されると食べすぎる衝動も抑えられます。

応用編

# スーパーの試食をスルーして、ムダ買い防止！

テレビの情報は誘惑に満ちていて、「スナック菓子のコマーシャルを見ると、人は冷蔵庫のドアを開ける確率が増える」という研究もあります。

なんとなくテレビをつける習慣がある人は、その行動を変えるだけで、食欲をかきたてられる頻度を減らすことができるのです。

同じように人の欲求をかきたてるものとして、「スーパーでの試食」があります。スタンフォード大学が行なった研究によると、**「試食品を食べた被験者は、贅沢品やセール品を買いやすくなった」**そうです。

例えば、スーパーでチーズの試食が行なわれているとき、別にそのチーズを買ってくれなくてもスーパーは損をしないのです。

スーパー側はチーズを買わせることではなく、「おいしいチーズをぱくぱく食べたことによってお客さんが自制心を失い、買い物への欲求をかきたてられ、他の売り場でセール品に手を出しやすくなる」という効果を狙っているのです。

スーパーに行ったときに試食には手を出さない、それだけでムダな買い物を予防することができます。

暴飲暴食のあとに効くワンフレーズ

# 「人間だから、そういうこともある」

## そうなってしまったら自分を責めず認めること

ここでは、つい食べすぎたときの「罪悪感」を弱めるフレーズをお教えします。アメリカの大学で行なわれた研究をご紹介しましょう。

被験者にドーナツと水で満腹感を味わってもらった後、さらにお菓子を用意し、一方のグループには何も声をかけず、もう一方のグループには「人間だから食べすぎてしまうことはある。あなたよりもっと食べる人もいますよ」と声をかけまし

# 015

た。すると、何も声をかけられなかったグループのほうが倍以上、お菓子を食べたのです。

　このように、**食べすぎてしまったという罪悪感を放置すると、罪の意識が自己コントロール力を奪い、なんと、ますます行動を食に向かわせます。**

　だからこそ、「そういうこともある」と自分を認めることが大切なのです。

暴飲暴食のあとに効く　テクニック　1

# 自分を許す「1行日記」をつける

「今日はポテチを食べてしまったけど、1袋の半分までガマンした」「ついスーパーでお菓子を買っちゃったけど、小分け袋のものにした」など、罪悪感を生じさせる行動を「自分を許す」内容に変換する1行日記をつけましょう。この日記を振り返ると、自分を許す言葉がズラリと並ぶので、自分を認める力が強くなるのを実感できますよ。

暴飲暴食のあとに効く テクニック 2

# ダイエット仲間で慰め合う

あなたと同じようにダイエットをしようとがんばっている友だち同士でLINEのグループを作りましょう。「ケーキを食べちゃったんだ」と書き込むと、友だちが「そういうことはあるよ、1個だけにしたのはエライ!」などと返信するルールに。自分ではなかなか許せなくても、友だち同士であれば慰め合う言葉を簡単にかけ合うことができるのでオススメです。

応用編

# 子どもを責めると、ますます勉強しなくなる!?

カナダのカールトン大学で行なわれたこんな研究があります。テスト前の勉強を先延ばしにした学生を対象に、一方のグループに対しては先延ばししたことを責め、「今度はもっと早めに勉強を始めなさい」と指導しました。

もう一方のグループには「そういうこともあるよね」と、その行動を許しました。

その結果、責められた学生はさらに勉強を先延ばしにする、という逆説的な結果になってしまったのです。

親はついつい、子どもが勉強をサボったことを責め、「次は絶対に早めに勉強に取りかかるように」と指導しがち。しかし、**よかれと思って行なうそうした指導が、子どもの罪悪感をふくらませ、さらには子どもの自己コントロール力を奪って逆効果になる**、という心の仕組みを知っておきたいものです。

詩人で書家の相田みつをさんの「にんげんだもの」という言葉にもあるように、いろいろな感情に振り回されてしまうのが人間というものです。

困った行動を子どもがしたときにも「人間だから失敗することもあるよね」と認めてやることで、子どもは責任感が芽生え、自分の力で能力を伸ばしていくのかもしれませんね。

運動を習慣づけたいときに効くワンフレーズ

# 「帰宅して服を脱いだら、すぐに腹筋」

## グズグズする時間を省いて自動的に動く

ここでは、何かを習慣化したいときに唱えるときっとうまくいく、とっておきのフレーズをお教えしましょう。それは、**ある状況になったらこうする、という行動ルールを決めておく**というものです。「○○したら、すぐに△△する」。○○と△△に入る部分は自由に入れてみてください。

例えば、「1日に腹筋運動を30回やろう！」と決めたとします。しかし、これでは「腹筋を

# 016

やらなくちゃ」と思ってもなかなか行動にまでもっていけません。そんなときは「帰宅して服を脱いだらすぐに腹筋をする」と決めておくのです。

　こうやって流れの中で実行するよう決めておくと、**自動的に行動できるようになります**。しようか、しまいかと悩む労力がいらなくなるので、とてもスムーズに習慣づけられるというわけです。

# テレビのリモコンの電源ボタンにシールを貼る

例えば、テレビのスイッチを入れる前には必ずエクササイズをする、と決めるのもいいでしょう。習慣になっている行動の前にしてしまえば、忘れるリスクを減らすことができます。

リモコンの電源ボタンに「筋トレ」などと書いたシールを貼っておけば、そのたびに思い出すことができます。電源ボタンの他に、お菓子入れのフタにシールを貼るのもオススメ。

運動を習慣づけたいときに効く テクニック 2

# アラームを運動の開始サインにする

スマホでアラームをセットしておき、「アラームがなったら運動する」と決めましょう。このとき、起床時に使っているアラーム音をそのまま使うと脳への刺激が弱くなるので、エクササイズのための特別なアラーム音に設定するのがコツです。

最初は面倒だな、と思ってもその行動が習慣になるとおっくうさもなくなり、自然と行動できるようになります。

応用編

# 英語力アップ計画

「この状況になったらこうする」というふうに特定の行動を決めておくことは、脳の疲労予防にもつながります。

何か行動を起こすときに「やろうかな、どうしようかな」と悩む段階で脳は疲労するため、その行動をやりたくなくなるか、やったとしても中途半端に終わるといった悪い結果になりやすいものです。

「状況」と「行動」を1セットにすることは、自分に対して負担をかけないからこそ、継続しやすいのです。

意志が強く継続力がある人は、苦しんで継続しているのではなく、**い**

**かに楽に継続できるかを工夫する**人です。新たな習慣を作るときにだけ意志力を動員しますが、その後は、**〝自動運転状態〟で継続できている**ものです。

僕自身、受験勉強にこの方法を取り入れていました。

トイレのドアの表と裏に、覚えるべき英単語を10個書いた紙を貼っておきます。この単語を覚えないとトイレに入れないし、覚えないとトイレから出ることもできない（笑）。

トイレは必ず1日に何度かは行くので、行動を習慣づけるにはうってつけでした。

# 「今日から私は1日に1回、これを食べる」

## 肯定形で自分に言い聞かせる

続いて、「自分に禁止することを禁止する」という、ダイエットの禁じ手ともいえるフレーズをお教えしましょう。

カナダの大学で行なわれた研究を紹介します。研究の被験者は「○○を食べては、いけない」ではなく「○○を食べる」というふうに**「何を食べるべきか」という実行のほうに意識を向けられました。**

結果、参加者の3分の2が減量に成功し、16カ月後にもリバ

# 017

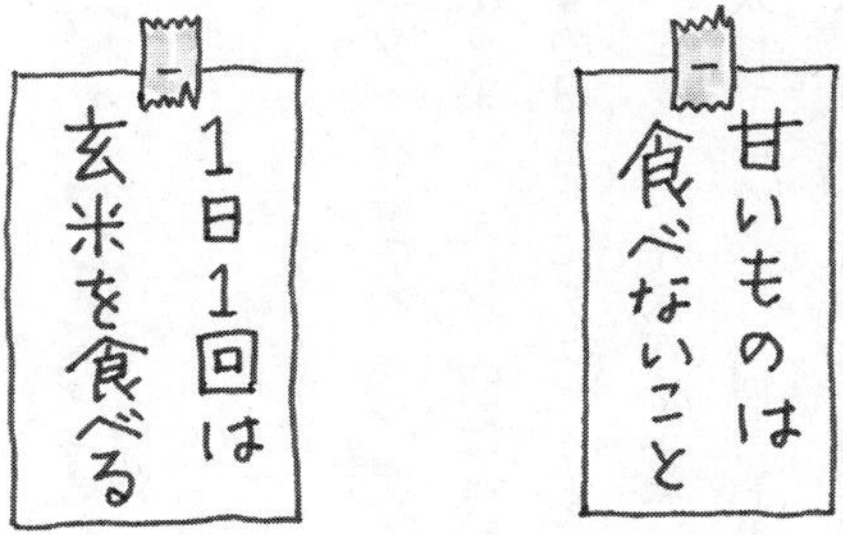


ウンドがないことがわかったのです。

ちなみに一般的に、ダイエットは1カ月から半年で体重が元に戻るというデータもありますから、驚くべき成果ですよね。

これを食べてはいけない、と自分に禁止をするほど、欲望はふくらむもの。それよりも「1日1回は玄米を食べる」などの実行目標を作りましょう。

# カレンダーに達成マークをつける

カレンダーをモチベーションアップアイテムにしましょう。「1日1回は玄米」「1日1回は魚」など食べるべき実行目標を達成したら、その日ごとにチェックをつけます。食べ物の目標が達成できたら赤、エクササイズができた日は青、などペンの色を決めてチェックを入れていくと、「何日間継続できているか」が自分の目に入りやすく、気分が上がってきます。

リバウンドしてしまうときに効く　テクニック　2

# ヨガマットを常に敷いておく

決めた実行目標が「ヨガをする」などのエクササイズであれば、まずは部屋を片づけてエクササイズスペースを作りましょう。そして、ヨガマットを常に敷いておき、思い立ったらすぐに実行できるようにスタンバイしておきます。「まず部屋を片づけてから」「ヨガマットを出してから」といった行動を妨げる要因をできる限り排除していきましょう。

応用編

# 「絶対に遅刻しない！」では遅刻する？

人間は、「〇〇してはいけない」と考えるほど、その行動に引き寄せられるもの。ロンドン大学の実験では、「チョコについて考えてはいけない」という指示を受けたグループは、指示を受けなかったグループの倍量のチョコを食べたそうです。

つまり、「考えないようにしよう」と思うほど、そのことが気になり、結果的にたくさん食べてしまったのです。

人は感情をコントロールすることができない生き物です。

コントロールできるのは行動だけ。だからこそ、禁止するよりも「実行したいこと」を目標にすべきなのです。この考え方は、日常の行動を変えたいときにも応用できます。

つい待ち合わせに遅れてしまう、という人が自分の行動を改善したいとき。こんなときも目指すのは、「遅刻は絶対にしない」という**禁止のフレーズを自らに課すのではなく、「一番のりする」とか「ぴったり5分前に到着する」**というふうに**「行動目標」**にします。

一番のり、とか、5分前、というふうにゲーム性を持たせるときっと楽しくなりますよ。

# 「毎日、体重と体脂肪率を公開します」

## 宣言してしまうことで習慣化する

最後に、思い切りが必要ではあるものの、ダイエットの成功率を確実に高められるフレーズをお教えしましょう。

それは「毎日、体重と体脂肪率を公開する」というもの。この方法は、アメリカの有名な司会者が毎日、自分の体重と体脂肪率を「Twitter」でつぶやくことによって劇的にダイエットを成功させたことからも、その効き目をうかがい知ることができます。

# 018

とはいえ、もちろん全世界に向けて公表する必要はなく、LINEのグループ内だけにしたり、それも恥ずかしければダイエット仲間の友だちなど**ごく限られた範囲だけに報告するのでもよい**のです。

毎日計測し、それを公開するという習慣づけをすることで「自分は他人から見られている」という意識が働き、ダイエットのやる気が高まるのです。

# テーブルのそばに鏡を置く

自制心を発揮させるアイテムとして役立つのが「鏡」。ふと見た鏡に太っている自分が映ると、人間は理想の自分に近づくために、自然とやせるための行動を選ぶようになります。全身が映る鏡を置くのはもちろん、ついおやつを食べてしまうテーブルの上などに鏡を置くと、「理想の姿になるために、今日は1個でガマンしよう」と自制心が働きます。

ダイエットで大成功したいときに効く　テクニック　2

# 毎日食べたものをSNSで公開する

朝昼晩の3食に加えて間食やお酒など、口に入れるものはすべてスマホで撮影し、LINEやFacebookで毎日公開します。「誰かに見られている」と意識することによって、ジャンクフードを食べる回数が減り、ヘルシーな料理を作るモチベーションが高まるという効果も。SNSも、こんな使い方をすると、やる気アップにつなげられるのです。

応用編

# 貯金成功計画

「体重を公開する」作戦は貯金をしたいときにも応用することができます。

ハーバード大学が自営業者を対象に行なった研究では、銀行口座を新設して彼らに貯金をしてもらうことにしました。そして「いくら貯めたいか」という目標貯金額を公開したグループとしなかったグループを比較した結果、**公開したグループは銀行への入金頻度が平均で3倍となり、貯金額も65%多かった**というのです。

つまり、公開しなければ100万円の貯金が精一杯のところを、目標貯金額を公開するだけで165万円貯めることができるということ。

試す価値は大きいと思いませんか？　貯金額はもちろん、海外旅行とか、一戸建て購入など、あなた自身の夢を周囲の人に公表してもＯＫ。

人は自然とその夢の実現のために自ら行動を起こすようになるものです。

さらに付け加えるなら、夢はできるだけ具体的に設定するほうがいいのです。「○○を達成するために、私は今日から△△をします」というワンフレーズにして、周りの人に公開してみましょう。

## 服だけは捨てられないというあなたへ

# 服の捨て方・選び方

### 服選びで人生の「質」と「時間」が決まる

あなたは自分のクローゼットにどんな服がかかっているか、すべて把握できていますか？

あなたの家のタンスは、服でぎゅうぎゅう詰めになっ

てはいませんか？

じつは、服がいっぱいで片づかない状態だったり、毎朝、「どの服を着ようか」と迷ううちに、あなたの「意志力」は消耗されています。

意志力とは、自己コントロール力。ダイエットを成功させたり、集中したりするときには欠かせないもので、この意志力が人生の成功のカギを握っている、と言っても過言ではありません。

アップル社の元ＣＥＯ（最高経営責任者）の故スティーブ・ジョブズは、常に黒のタートルネックとデニムパンツに身を包んでいました。Facebook のＣＥＯ、マーク・ザッカーバーグはグレーのＴシャツばかりを着ていることで有名。どうしてだと思いますか？

**彼らは常にビジネス上の重要な選択をするため、服を選ぶことに意志力を費やしたくないからです。**

僕自身も、服は行動と結びつけ、３種類だけと決めています。

一つは仕事用のスーツ。もう一つはスポーツジム用のウエア、そしてちょっと出かけるときの服、これだけ。この3種類を1セットずつ、クローゼットに下げているので、毎朝の服選びはハンガーを一つとるだけで完了します。

おかげで常にやりたいことに意識をフォーカスでき、大好きな読書に思う存分、意志力を使うことができるのです。

服の三法則 1

# 服は「一点豪華主義」

服をムダに増やさない秘訣は、「高い服を、一点豪華主義で買うこと」。これにつきます。

「安物買いの銭失い」という言葉は的を射た言葉で、

①安いものを買ってもダメになるのが早いこと

②たくさん服があると、**どれを着るか迷うことによって時間や意志力を損失する**

この2つの意味で〝銭失い〟なのです。

僕は、人生初のビジネス書を書いたときにディオールのスーツと、靴一式に100万円かけ、「このスーツを着ることによって100万円以上の利益を出す」と決め、実際に元をとりました。

同じように、**街角で3000円のシャツを見かけても「このシャツで3000円を稼げるかな」と自問自答して「無理だ」と思うと、買う気がなくなります。**

こんなふうに服の価値を判断してみるのも一つの方法です。

服の三法則 2

# 「なんとなくいいもの」を減らす

なんとなく好き、あれば役立つかも、そんな基準でつい、服や靴、バッグを買っていませんか?

例えば、こんな計算をしてみましょう。2000円の安い服をたくさん買っても、たいして着ないまま捨ててしまうもの。それが数年間で30着あるなら合計6万円です。6万円のワンピースなら、かなりよいものが買えま

すね。

欧米の女性は、普段はジーンズなど飾らないファッションですが、パーティーとなるとキメキメにドレスアップします。**人生を充実させるには、このメリハリが大事。**試しに一度、お気に入りの勝負服2着だけで1週間過ごしてみましょう。

毎日違う服を着なければ、という思い込みであれこれ悩み、結局今ひとつなファッションで暗い気分の1日を過ごすよりも、全身の細胞がノリノリになれる勝負服で過ごす1週間のほうが、仕事も人間関係もうまくいくことに気づくはずです。

服の三法則 3

# 2倍意識して、価値を2倍にする

ここまでお話ししても、まだ「服をたくさん持っていないとオシャレじゃない」と思いますか?

でも、限られた予算の中で、たくさんの服を揃えようとすると、1着の服の質が下がります。

しかし、1着か2着、本当にお気に入りの服を買おう、と思えば、1着に使える金額は

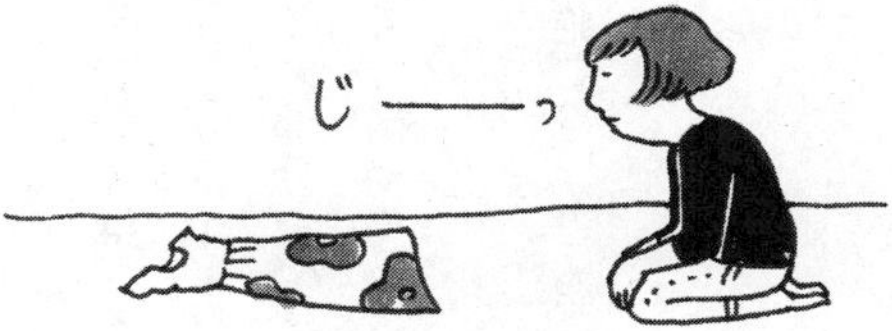

大きくなります。

さらに知っておいてほしいのは、「モノの価値は、2倍の注意を向けると2倍になる」という法則。

**1つのモノをとことん愛用して、身につける満足感を味わえば、それだけ愛着も増します。**僕自身、時計はスマートウォッチ（スマートフォンをさらに便利に使うための端末）一つを愛用し、フェイス部分を変えたり、いろいろな機能を使ってみたりと楽しんでいるので、持っている喜びも大きい。

たくさんモノを持って、その価値を感じずに日々を過ごすよりも、はるかに心豊かな生活を送ることができると思いませんか？

# 第4章

# 「ストレスに強い自分」になる

この章で紹介するさまざまな「ストレス対策」は、呪文となるフレーズと最も相性がよく、かつ効果を得やすいものといえます。

失敗が忘れられない、老後破産や病気が心配、自分のことが嫌い、上司と部下の板挟みに苦しんでいる——など、どれも、とても苦しい悩みだと思います。でも、このフレーズを唱えることで、不思議なことに意識が180度ひっくり返り、「ああ、こういう考え方もできるんだ」と強い気持ちになることができるのです。

例えば失敗について言うなら、発明家のエジソンは、電球の発明のために9000回もの実験を繰り返しました。なぜ、何度失敗してもあきらめなかったのかと質問されたとき彼は、

**「失敗したのではない。8999回、フィラメントに使えない素材を発見しただけだ」**

と答えたそうです。失敗をただの「役に立たない出来事」だと思うのか、「成功に導くプロセス」ととらえるか。これこそ、180度の意識変換だと思いませんか？

また、世界一の投資家、ウォーレン・バフェットを陰で支えた男と評される参謀のチャーリー・マンガーは、

**「素晴らしい企業があるとしたら、なぜ今そのような結果が出ているのか、そして何が起これば その結果が出なくなるのかを考える」**

と話しています。

ほとんどの人は他人の成功をうらやみ、成功者の言葉をあがめて一生懸命ノートにメモしたりします。そのいっぽうで、他人の失敗を笑います。

しかし、彼はあえて他人がしでかした大きな失敗をたくさんメモにま

とめて「失敗リスト」を作り、そのリストにこれからやろうとしている案件が入っていないかをチェックしました。そのことが彼を大きな成功に導いたといえます。

成功するときには多くの要因があり、どれが決め手かはわからない。しかし、失敗には常に「決定的な原因」があります。失敗をしたとき、人は後悔し、改めて自らのことを冷静に見つめるものです。そして、そこに必ず、成功の種が眠っているのです。

そう考えれば、今あなたが向き合っているストレスフルな出来事は、すべて成功へのヒントへとつながっているといえます。

僕自身、子どものころにいじめられ、自分を嫌うことから卒業したい！と思ったときに、「天然パーマ、太っている、成績が悪い、眼鏡」

という要素をすべてひっくり返すことによって、人生もひっくり返すことができました。もちろん、こつこつと努力することが必要でしたが、いじめられたことで「変わりたい」という切羽詰まった最強の動機が与えられたのだ、と理解しています。

苦しいときこそ、何より必要なのは、暗い気持ちに引っ張り込まれることなく、自らを次の行動へと導くフレーズを投げかけることです。

**「ちょうどよかった、○○しよう♪」**（P182）

というのは、次の項で説明しますが、悪いことが起こったときに僕が、常に自分自身に投げかけるフレーズです。

次の行動のきっかけにすると同時に、次に失敗しないための対策を冷静に立てることが大切なのです。

失敗が忘れられないときに効くワンフレーズ

# 「ちょうどよかった、○○しよう♪」

## 瞬時に切り替えて、失敗で終わらせない

過去の失敗が忘れられず、くよくよしてしまう――。こんなときは、厳しいようですが、あなたは**その失敗を前に進めない言い訳にしていないか？**と自問してみてください。

過去の失敗を悔やむよりも、大切なのは行動し続けること。そこでやめてしまえば失敗で終わりですが、挑戦をやめなければいつかは成功につなげられます。過去の失敗にとらわれたときに有効なこのフレーズは、僕

# 019

自身が愛用していています。例えば大切にしていたグラスを割ってしまったとき。たしかにがっかりしますが、すぐに「ちょうどよかった、欲しかったグラスセットを買っちゃおうかな♪」と切り替えます。

失敗を次の行動の動機にすると同時に、次は割らないように賢く対策。このセットで、ダメージを最小限にした上で、失敗を学びの種にできますよ。

# 過去の失敗が成功につながった例を書き出す

失敗は必ず成功へとつながっているもの。過去の失敗が成功へとつながった例を書き出してみましょう。なかなか浮かばないときは、10年前まで遡《さかのぼ》ってOK。例えば僕は、「センター試験のマークミスで東大に合格できなかった。でも、そのおかげで、メンタリストになれたし、今、とても自由で楽しい」と思うことができています。書き出す行為によって、納得することができるのです。

失敗が忘れられないときに効く　テクニック 2

# 「回復の物語」を書いてみよう

ジャーナリストになったつもりで、あなたの過去の失敗を振り返り、その後、どう乗り越えてきたのか、物語にまとめてみましょう。第三者の目線を持つことで、自分目線では見えなかったことが見えてきます。自分がどのように苦しんだのか、そして、それを糧にどれほど成長できたのか。これらを再確認することができる「回復の物語」が、前に進む自信を与えてくれるはずです。

応用編

# 失敗しても「折れない柳」になろう！

子どものころにいじめを受けたせいで、人とうまく交流できない。10年前の夫の浮気が今も許せない――こんなふうに、過去の出来事によって人生の可能性を閉じられてしまった、と感じている人がいます。

しかし、どんな苦しい状況にあっても、人生が変わるかどうかは本人の考え方次第です。

心理学では「レジリエンス」という言葉があります。

これは、困難なことに直面したり悲惨な体験をしても、簡単には心が折れない力のこと。**レジリエンスのある人は、何があってもすぐに「も**

**う1回」と挑戦できる、成長し続けられる人**です。

立派な大樹の枝は積もった雪の重みに耐えられず、ポキッと折れてしまうことがありますが、見た目は弱々しい柳は、どんなに雪が降り積もっても、しなやかな枝が雪をはねのけるので、折れることはありません。

柳の枝のように柔軟な思考ができること。失敗をしないことではなく、失敗から学んだことを誇れるようになりたいもの。失敗を恐れて挑戦しない人生はつまらない。

どんどん失敗して、学びを得るほうが、はるかにエキサイティングですよね。

老後が不安になるときに効くワンフレーズ

# 「来年、再来年はもっと楽しい！」

## 健康も幸運も引き寄せる呪文

「老後」という言葉をイメージするだけで、老後破産、病気、孤独など、ネガティブな連想ばかりしてしまう人がいます。いっぽう、「歳を重ねることを肯定的にとらえる人は、長生きする」という研究報告があります。

これはアメリカのイェール大学で平均年齢50歳の男女約650人に「歳をとるとあなたの価値は上がりますか？　下がりますか？」と質問し、その後23年

020

間の健康状態を追跡調査したもの。その結果、**年齢を重ねることをポジティブにとらえていた人の寿命は、否定的にとらえていた人よりも7・6年も長かったのです。**

年齢を重ねると、いいことは一つもない。そう考えるより、「来年、再来年は今よりもっと楽しい」と思うことで、実際に健康も、そして幸運も引き寄せることができる、と考えてみてはいかがでしょう。

老後が不安になるときに効く　テクニック 1

# 20代のころよりもできるようになったことを数える

「老後」という未来を見つめて不安感がつのるのなら、反対に過去を振り返ってみましょう。若いころよりも年齢を重ねることによって現在、「できるようになったこと」を挙げてみて。今のほうがお金がある、あるいは自分の自由に過ごせる時間がある、苦手な人を見分ける本能が鍛えられた、など、なんでもＯＫ。歳をとることって、思ったより悪くないかも、と感じられるはずです。

老後が不安になるときに効く テクニック 2

## イベントや旅行を定期的に計画する

「来年、再来年はもっと楽しい！」というこのフレーズを実行に導くには、待っているだけではダメ。行ったことがない場所に行き、食べたことのないものを食べる旅行や、気の合う仲間を招いてのホームパーティーなど、楽しいイベントを計画すると、現在の幸福度も高めていくことができます。半年後、1年後と楽しい計画が続いていけば、老後への漠然とした不安感も消えていきます。

応用編

# 肉体年齢を若くすることで心も若くなる

188ページでお話しした「年齢を重ねることを肯定的にとらえる人は寿命が7・6年長くなる」という研究結果には、もう一つ注目すべきポイントがあります。

じつは、飲酒や喫煙習慣をやめて、定期的に運動をし、カロリー制限をしても寿命は4年弱しか延びないということもわかっているのです。それほど、「ポジティブである」という意識の持ちようがその人の健康に大きな影響を与える、ということ。

来年はもっと楽しい、だから長生きしよう、と思うと、その人は勝手に健康的な習慣を選ぶようになります。

反対に、人生の先に何の期待もできない、と思うと、人は自暴自棄になり、短絡的で不健康な選択ばかりをするようになるのかもしれません。

人は年齢とともに「疲れが抜けなくなった」「体が動かなくなった」というのが口癖になりがち。しかし、**思考が老いていくと、その思考に比例して、体もどんどん老いていきます。**

どうしても思考がネガティブになりがち、というときは、体から変えていくのも早道。**昨日より今日はもっと長く、速く歩いてみる、という挑戦を毎日続ける**と、体が若返り、若返った体からは前向きな思考が生まれてくるものなのです。

# 「ザワザワする理由って、なんだろう?」

## その理由がわかればきっと自分にプラスになる!

この人に会うとなんだか気持ちがザワザワする。会った後にどっと疲れる——そんな人物が、誰にでも存在するものです。心理学には、「投影」という考え方があり、これは、「人は、自らの心というフィルターを通して人やモノを見ている」というものです。

なんとなく苦手という人は、**あなたに「あなた自身の負の部分」を見せつけているのかもしれません。**あなた自身が普段は

# 021

特に意識していないけれど、じつはすごくガマンしていること。それを平気でやっているような人を見ると、イライラするはず。こんなふうに、相手の「引っかかる部分」は、自分がすごくこだわっていたり、ガマンしていたりする面かもしれない。そう考えれば、「苦手な相手」を通して、自らの隠れた一面を見つけたり、自分を解放するチャンスとして役立てることができます。

# 自分のコンプレックスを振り返ってみる

苦手な相手のどこが嫌なのか、どんなときにイライラするかを振り返ってみましょう。「高圧的なところ」「グチっぽいところ」など、具体的に思い浮かんだら、「なんでそこが嫌なんだろう」と考えてみます。高圧的な人に傷つけられた経験があったり、あるいは自分もグチっぽいところがあるけれど言わないようにガマンしているなど、自分の気持ちが浮かび上がってきます。

苦手な人と接するときに効く テクニック 2

# 勇気を出して対話してみる

右ページの「テクニック1」によって、あなたがあなた自身のフィルターを通して相手を見ていたことに気づけると、不思議なことに、これまで相手に抱いていた「引っかかる感じ」が和らいできます。ここで思い切って心を開いて話してみるのもオススメの方法。最初は距離を感じていた人ほど、腹を割って話してみると仲良くなれる、という経験は僕自身にもよくあります。

応用編

# 思い切って「嫌われてしまう」のもあり！

あなたなりに、いろいろ努力してみた。しかし、それでも「ダメ！どうしても苦手！」という相手もいるものです。

でも、職場で一緒に仕事をしなければいけない、あるいは親戚だから会うのは避けられない、という状況もありますよね。でも大丈夫。秘策があるのです。

それは、相手から「嫌われるように仕向ける」こと。人から嫌われることは、じつは簡単。相手に不信感を与える4つの仕草をすればよいのです。

その仕草とは、相手と話しているときに、**①腕を組む ②体の向きを逸らす ③視線を逸らす ④顔を触る**、以上の4つ。

これらの仕草は、「あなたに注意を向けていない」「つまらない」というメッセージを発するものです。試しに、実際に誰かと話しながらこの仕草をしてみてください。「あ〜、こっちの話を全然聞いてないな」と相手は感じるはずです。

また、相手の話をいちいち「え？」と聞き返したり、話が盛り上がってきたところでスマホを触る、時計を見るなどの仕草をすると、つまらなさそうな雰囲気が伝わります。あなたが何も言わなくても、相手は自然に離れていくでしょう。

職場で板挟みになったときに効くワンフレーズ

# 「この人と誰をつなげようかな♪」

## ネットワークを作るチャンス

上司は「（お前の）部下にこう命令しろ」と言ってきて、命令した部下からは「そんなこと、できません」と言われる。あちらを立てればこちらが立たずの状態になる〝板挟《いたばさ》み〟は、苦しいものですよね。

しかし、この人間関係を板挟みだと思うから、つらいのかもしれません。組織の中にいる、という現実から逃れられないのであれば、「この人脈をどう利用しようか」と視点を切り替え

# 022

てみるのがオススメです。

人間関係を「ネットワーク」だと割り切って観察すると、それぞれの得意分野が見えてきます。すると、つなげ方次第で、仕事が効率的に進んだり、アイデアが生まれることも。**組織では、人をつなげることが上手な人が、権力や決定権を握るようになります。**ネットワーク作りがうまくなると、あなたは今よりもうんと楽に、仕事を進められるようになります。

# 人と人をつなげるために観察力を鍛える

人間関係を「板挟み」ととらえると、「やらされている感」が強くなります。まずは能動的な発想に切り替えて、観察力を鍛えましょう。人はそれぞれに、得意分野と苦手分野を持っています。誰かにとって苦手なことは、他の誰かの得意分野なのです。パズルのピースのように人の能力を組み合わせると、最低限の労力で最大のパフォーマンスを得ることができます。

職場で板挟みになったときに効く　テクニック　2

# その場にいない人をほめまくる

大変なとき、A君が手伝ってくれて助かったよ

上司のグチを聞き、部下のグチを聞き、という毎日では心が塞ぎます。グチは負の作用しか起こしません。むしろ、誰かをほめることでプラスの作用を引き起こしましょう。目の前にいる人をほめると「八方美人」と言われますが、反対に、その場にいない人のことをほめると「あの人はきっと自分のことも、どこかでほめてくれている」と好感を持たれるのです。

応用編

# 「自分ネットワーク」を広げよう

人の得意分野を観察すること、その場にいない人のことをほめること。このテクニックは、あなた自身の「ネットワーク」を広げるためにも、とても役立ちます。

僕は、不特定多数の人とつながるということはしませんが、自分が「好きだ、有能だ、刺激的だ」と感じる人とは心を込めてお付き合いするようにしています。

相手が困ったときには、自分ができることなら喜んでしたいと思うし、反対に、自分が何かで困ったときには電話一本で解決できる。一人で悩みながら調べたり、暗中模索で動くよりも、「そのことに精通している人」に助けてもらったほうが、効率的に解決できるものです。

だから僕は、自分がもういらないな、と思うものは、たとえ高価でも必要としている人にポンとあげます。

相手が「何かお礼を」と言ってきても、「何もいらないから、僕が困ったときに助けてくれる？」と伝えています。

**打算やお金でつながる人間関係よりも、感謝の心でつながる「自分ネットワーク」を築いておくと、困ったときに助け合うことができる。**あなたが今、悩んでいる「板挟み」状態も、やり方次第で「感謝の関係」に発展させられるのです。

## それでもストレスはイヤだというあなたへ

# ストレスは力に変えられる！

### 「ストレスは悪」は間違い！

ストレスを感じたとき、あなたの心身はどんな状態になりますか？ 気持ちが沈んだり、イライラしたり、胃が痛くなったりしますよね。そのため、

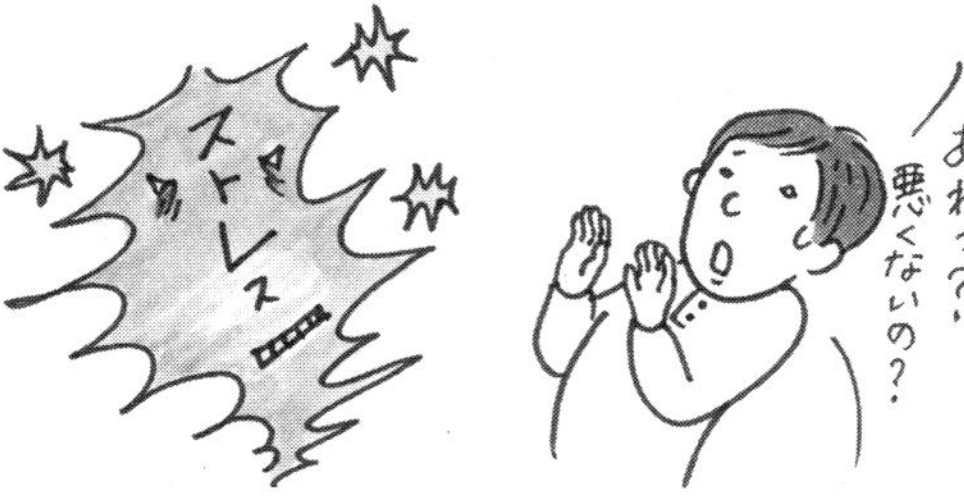

発想の転換を！

ストレスは**悪**…………とらえ方次第で**プラス**になる！

ストレスは**健康に悪い**……ストレスでもっと**健康**になる！

「ストレスはなるべく避けたほうがよい」と考えがちです。

しかし、ストレスによる影響の受け方は、ストレスをどうとらえるかという「思い込み次第」である、という興味深い研究があるのです。

1998年にアメリカで3万人の成人を対象に行なわれた調査によると、「強度のストレスを感じたグループ」は8年後の死亡リスクが43%も高くなっていました。

しかし、**死亡リスクが高まったの**

は**「ストレスは健康に悪い」と考えた人たちだけ**。「ストレスは健康に悪い」と考えなかった人たちの死亡リスクは上昇しなかったばかりか、**「ストレスがほとんどなかったグループ」よりも死亡リスクが低かった**というから驚きです。

さらに、別の研究では、「ストレスにはよい効果がある」と考えるだけで、免疫低下やうつ症状に関わるホルモンであるコルチゾール値が下がり、脳の成長を促し免疫力を高めるホルモンであるＤＨＥＡ（デヒドロエピアンドロステロン）の値が上昇する、ということも解明されています。

生きている限り、予測もなく起こるストレスから逃れることはできません。しかし、「ストレスとうまく付き合うことができれば、より健康的になれる上に、人としても成長できるんだ！」と思えば、前向きに対処する力が湧いてくるものです。

# 怒りを有効活用せよ！

**怒ると……**

**問題解決力がアップ！**

**エネルギーもアップ！**

**目標達成力もアップ！**

ストレスを前向きに役立てるにはどうすればよいか、ストレスをふくらませる代表的な感情──「怒り」を例に、56ページでお話しした内容を掘り下げながら考えてみましょう。

僕は怒りとは、最も「行動」につながりやすい感情である、と考えています。

イラッとする、腹が立つ、そんなときには誰もが「憎い相手をやっつけたい」と思い、わーっと叫びたくなっているはずです。

じつはこの反応はアドレナリンやドーパミンといった「やる気ホルモン」がぐんぐん高まっ

ている証拠。だから、高まったやる気を憎い相手に使うなんてもったいない、と考えてみましょう。

それよりも、せっかく湧き上がったエネルギーを自分の成長のために役立てるのです。

**じつは怒っているときにそのエネルギーを正しいベクトルに向けると、思考はクリアになり、仕事もはかどります。**また、人のために尽くす勇気も生まれるのです。

# 怒りを感じたときは……

## ○集中力が必要な作業をしよう

怒っているときは、行動や意欲を司るアドレナリンが高まっている状態です。脳がクリアになっていることなときこそ、集中力が必要な作業に取り組む絶好のチャンス。このエネルギーを怒りの対象の人物になど使ってなるものか、と覚悟を決めると、気持ちのスイッチを切り替えられ、目の前の作業に驚くほど集中できるものです

## ○新たなことにチャレンジしてみよう

怒りを感じているときは、瞬間的にパワーが高まっ

ています。怒りの感情は長くは続かないので、せっかくのタイミングを「それまでやろうと思っていたけど躊躇していたこと」の実行に使ってみましょう。迷っていたスポーツジムの入会を決行する、仲良くなりたかった人に連絡するなど、「まず一歩進む力」に役立てるのです。

## ○人のために動いてみよう

ストレスを感じると、人は周囲の仲間を信頼し、自分のためを思うよりも仲間を守ろうとする「思いやり・絆反応」が生まれ、その行動によって希望や勇気の感情が高まることがわかっています。電車で席を譲る、困っている人に声をかけるといった行動をすることによって、あなた自身のストレスに打ち勝つ力が高まります。

# ストレスを感じたら……「アリア・クラムの3ステップ」でストレスをパワーに変換しよう！

## 1 ストレスを感じていることを認める

ストレスを悪者だと思っていると、ストレスを感じたときに「気にしない」とか「とにかく吐き出さなきゃ」などと考えてしまいがち。しかし、ストレスを活用するには、ストレスをまずは認めることが大切です。「今、ストレスを感じているな」と自らの置かれた状況を認め、同時に体に生じている反応（頭に血が

上っている、心臓がドキドキする、呼吸が浅くなるなど）にも注意を向けてみましょう。

## ❷「ストレスによって脅かされているもの」に目を向ける

次に、ストレスによって「自分にとって大切な何が脅かされているのか」を考えます。

ストレス反応が起きたのは、あなたにとって大切な価値観が脅かされているから。

脅かされたものについて考えることによって、自分が大切にしたいもの（人）は何なのか、どうして大切なのか、叶えたい目標は何なのかが浮かび上がってきます。

## ❸「そのストレスを何に使うか」を決める

❶、❷を行なうことによって、あなたはいくぶん冷静になり、ストレスによって生じたパワーを、あなたの目標や、大切なものを守るための手段に役立てる準備が整います。

ストレスによって湧き上がった力をどう有効に使うか、現実への対処に向けて一歩前に進むための作戦を立てましょう。

# ストレスに振り回されないために

## ◦「ストレスのおかげでうまくいく」と考える

ストレスを感じたときに「不安だ」「きっと失敗する」と自分を追い込んでいませんか？　こんなときこそ「大丈夫、この不安は興奮してパワーが高まっている証拠」と考えてみましょう。

ストレスがかかったときに、力が湧き、集中力や勇気が高まることを心理学では「チャレンジ反応」といい、一流のアスリートなどは、この力を磨いて強くなっています。

## ◦「価値観日記」をつける

家族、思いやり、楽しみ、成長など、自分にとって最も大切なものは何かを考え、その価値観を大切にするためにどんな行動をしたかを毎日書き留める「価値観日記」をつけてみましょう。

すると、面倒で仕方がなかった用事が、じつは大切にしたい価値観に結びついていることを発見できたり、自分は少しずつでも日々成長しているんだ、という自信につなげられることもあります。

## ○ 逆境を振り返る

これまで経験した中で最も大きいと感じた挫折経験をあえて思い出してみましょう。

その状況を乗り切るためにあなたは何をしたか、自らのどのような強みを活かしたか、周囲にどんなサポートを求めたか。その経験を現在苦しんでいるストレスに当てはめてみると、「大丈夫。今回も乗り越えられる」と勇気が湧いてきます。

## ○ネガティブなニュースを見ない

138ページでも解説しましたが、知らず知らずのうちに取り入れる情報にも注意。殺人事件や放火事件など、悲惨なニュースを見ると、人はその後、気晴らしをしたくなり購買欲が高まる、という心理学の法則があります。

ネガティブな情報にはあえて背を向けることも、不要なストレスを受けないためのテクニックなのです。

【参考文献】
ケリー・マクゴニガル著『スタンフォードのストレスを力に変える教科書』（大和書房）

第5章

# 「○○できない自分」を変える

この章では、貯金ができない、集中できない、他人を許せない、続けられない、といったあなた自身が「できない」ことを「できる」ようにするためのフレーズをお届けしましょう。

このような、できない悩みについて、多くの人は「しようと思っているのに、どうしてもできないんです」と言いますが、厳しいことを言わせていただければ**やろうとしていない**から、もっと言えば、**やらないほうが都合がいいからやっていないだけ**であることがほとんどだと僕は思っています。

例えば、貯金したほうがいいと思っているのにできていない理由は簡単。細かいことにあれこれお金を使いたいけれど、貯金してしまうとそのお金がなくなるからです。

貯金したい、でも、友だちと飲み会に行きたいし、服も靴も買いたい、と「全部を得よう」とするから、本来の目的を達成できないのです。

株式投資でもよくいわれるのは、

「頭と尻尾はくれてやれ」

という格言です。

ここでいう頭と尻尾とは、儲け損ねた利益のこと。

株価が下がっている最中に「底」だと思って買うのではなく、いったん底をつき、株価が戻ったところで買うのが安全だし、天井がどこかわからないけれどこのあたりが売りどき、売った後に値上がりするかもしれないけれど、それは買った人にくれてやろうと割り切る。

このように頭と**尻尾は取引のタイミングを知るためのコスト**なのだととらえれば、買い逃しも売り逃しもしないのだという考えです。

何においても、欲張りすぎはうまくいきません。魚の身の部分をおいしくいただくことに集中すれば、本質を逃すことはないのです。

集中できないときは、次の項目で紹介する

**「4秒吸って、6秒吐いて…」**（P224）

つまり、このままの状態ですぐに集中モードに入ることを望まずに、いったん呼吸に集中したり、体を動かす、というリフレッシュ作戦を行なうことによって、その後はるかに長い集中持続時間を得ることができます。

他人をどうしても許せないときこそ、

**「たいしたことないから、ま、いっか♪」**（P230）

というフレーズが効果的です。楽しそうに生きている人、信頼されている人ほど、こだわりが少なく、いい意味でアバウト。これは、自分にとって重要なこと、優先順位が高いことを常に軸として定めているから、その他のことに振り回されず、自分にとって大切なことに集中できることを意味します。

すべては、自己選択によって変えられる、というのが僕の考えです。どんなに不幸な状況にさらされたとしても、その先どう行動し、どう考えるかを選ぶのは自分。どんなことも、選べば、変えられるのです。「自分で選べていない」と思う日々では「やらされている感」が強くなり、苦しくなりますが、「自分で選ぶ人生」は自由にあふれています。

まず、行動しましょう。

人生はあなたが思った通りになるのではなく、あなたがやった通りになるのだ、ということをお忘れなく。

集中できないときに効くワンフレーズ

# 「4秒吸って、6秒吐いて…」

## 慣れるまで、つぶやきながら深い呼吸をする

ここで解説するのは「集中」。集中できないときは本当に苦しいですよね。でも、ちゃんとコントロールする方法があるのです。

道具もいらず、すぐに実践できるのが「深い呼吸」です。僕自身、「ただ呼吸に集中するだけの瞑想法」を生活に取り入れています。

4秒かけて鼻から息を吸い、6秒かけてゆっくり吐く、これを意識するだけで呼吸がぐっと

# 023

深くなります。慣れないうちは「吸って、吐いて」と心の中でつぶやきながらでもいいでしょう。

このような、**「呼吸に集中する瞑想」を行なうことによって、集中力、注意力が向上する**ことがわかっています。

僕の実感としては、瞑想をした後の自分の変化を意識しながら継続すると、より効果が高まる気がしています。

集中できないときに効く　テクニック　1

# 20分の瞑想を週4回行なう

ただ深い呼吸に集中するだけ、という瞑想法は、1日3分から始めて、慣れてきたら5分、10分と少しずつ延ばしていくのがオススメ。瞑想によって集中力がいかに高められるかを調べた研究では、「20分の瞑想を週4回行なうだけで効果が得られる」とされています。集中力は、筋肉と同じようにトレーニングによって鍛えることができます。ぜひ、生活に取り入れてみましょう。

集中できないときに効く　テクニック 2

## ミントやシナモンで嗅覚を刺激する

集中力を高めたいときには「嗅覚」も活用。香りは、人間の感情に大きく作用し、鼻を通じて感じ取った香りは感情を司る大脳辺縁系に信号を伝えます。覚醒効果が認められ、疲労や眠気を改善するのが「ペパーミント」、脳の認識機能と記憶力を高めるのが「シナモン」です。休憩時間にミントティーやシナモンティーを淹れて飲むと、集中力がアップし、さらにリラックスもできるのです。

応用編

# 軽い運動で集中力や意欲を高めよう！

ロシアの大脳生理学者であるセーチェノフ教授は、「ただぼんやりと休むよりも、体を積極的に動かしたほうが、その後の作業効率を6～7割高めることができる」と提唱し、このことは「セーチェノフ現象」と呼ばれています。

また、ジョージア大学で行なわれた運動と脳の研究によると、**20分の軽い運動をした後の3～4時間は、認知能力、集中力、考察力が高まる**ことがわかっています。

これは、運動によって脳の血流が改善され、意欲や学習などに関わるドーパミンというホルモンが分泌されるため。集中力を持続させるだけでなく、「やる気アップ」も期待できるのが嬉しいですね。

仕事や考える作業は座ってやらなければいけない、というのは単なる思い込み。僕も、本を読むときには歩き回りながら音読しています。体を動かすとスッキリするのは、気のせいではなく、運動には人の感情をポジティブにする働きがあるのです。

落ち込んだとき、疲れたときも、とりあえず黙って20分体を動かしてみると、問題を解決に導くエンジンをかけることができますよ。

# 「たいしたことないから、ま、いっか♪」

## 絶対に譲れないものじゃなければ、スルーしよう

相手に浴びせられた言葉をいつまでも心の中で繰り返してしまったり、思い出すたびに嫌な気持ちが増幅して「やっぱり、あの人は許せない！」という気持ちがおさまらなくなることがあります。

こんなときに僕がオススメするのは「ま、いっか♪」とスルーすること。そんなことで問題が解決するわけない、と思うでしょうか？ でも、いつまでも他人のことばかり考えることこ

# 024

そ、あなたにとっての損失になります。思考力が低下し、仕事上でうっかりミスが増えたり、関係のない人に八つ当たりしてしまうなど、いいことは何ひとつない。

こんなときこそ、自分にとっての**「これだけは譲れないもの」は何かを思い起こしてみましょう。**これさえあればいい、という答えがわかっている人は、それ以外のことに執着せず、寛容になることができます。

# 相手のほめポイントを見つける

許せない思いでいっぱいになっているときは、視野がすごく狭まっています。こんなときは、相手の嫌な面ばかりが見えてくるはず。だからこそ、相手のほめポイントを見つけてみましょう。どんな人でも、いいところはあります。見つけてみると、相手の立場や発言の背景が見えてきて、相手を許せるかも、と思えるようになるかもしれません。

他人を許せないときに効く テクニック 2

## 負の感情を書き出す

許せない、許せない、とずっと思っていると、いつかその感情は爆発します。そうならないようにするために大切なのは、「感情を言語化する」ということ。言語化することによって理性を司る脳の前頭葉が活性化することもわかっています。5~10分ほどかけて、頭の中のもやもやを具体的に書き出してみましょう。カッとしていた頭がクールダウンしてくるはずです。

応用編

# 成功している人の「アバウトさ」を見習う

あの人のことが許せない、という思いをずっと引きずっている人は、もしかしたら「自分が絶対に譲れない、人生において大切なもの」をまだ見つけることができていないのかも、と僕は思います。

僕自身、自分にとって譲れない信念って何だろう、と問いかけた結果、「知識だ」という答えが出てきました。このことがわかってから僕は決断が速くなりました。

本が好きで、本を読んで知識を得るために生きている。だから、お金や地位よりも、好きな本を好きなだけ読めるような環境の中で働きたいし、本を読む時間がなくなるような仕事の仕方は選んでいません。

あれもこれも、と欲張れば欲張るほど、大事なことが見えなくなり、決断できなくなるし、他人の言動がいつまでも引っかかってしまうのかもしれません。

成功している人、信頼を得ている人に共通するのは「こだわりが少ない」こと。いい意味で「アバウト」なのです。

**何事も、こうでなくてはならないと決めつけず、何かあっても「まあ、それもありかな」と受け流すことができるのです。**

# 「今夜は絶対、寝ないぞ」

## 眠らなきゃと焦ると眠れないから逆張りで

布団に入ってもなかなか寝付けない。あるいは、夜中に目が覚めてしまう。このようなことが続くと、朝からだるくてボーッとするし、日中も眠くなったりと、大変ですよね。

**睡眠不足だと集中力を失いやすくなったり、イライラしたり、ジャンクフードに手を伸ばしやすくなるなどの弊害がある**ことも明らかになっています。

とはいえ、「眠らなきゃ」と気にしすぎると、ますます脳が覚

# 025

醒し、眠れなくなるという悪循環も。

そこで、このフレーズの登場です。逆説的なのですが、布団に入ったときに「今夜は朝まで寝ない！」と決めると、いつのまにか眠ってしまうもの。不眠に悩む作家さんたちも、この方法でうまくいっている例が多いそうです。おおらかな気分で眠りと向き合いつつ、あわせて2つのテクニックも実践してください。

眠れないときに効く テクニック 1

# 光をコントロールする

寝る前にスマートフォンやテレビ、パソコンの画面を見ると、液晶画面から出るブルーライトによって脳が「昼間」だと勘違いします。眠る2時間前からは、ブルーライトを避けて。また、朝起きて午前10時までに日光を20～30分ほど浴びたり軽い運動をすると、体内時計がリセットされて、夜も自然な眠気が訪れます。僕も朝は軽い散歩や筋トレをしながら朝日を浴びています。

眠れないときに効く テクニック 2

## 日中のパワーナップでスッキリ回復

日中に眠気が襲ってきたときに有効なのが「パワーナップ」と呼ばれる仮眠。15~20分のパワーナップは、夜の3時間の睡眠に匹敵し、回復した集中力は150分も持続することがわかっています。部屋の明かりを消して横になるのが理想ですが、イスに座った状態で目を閉じ、腕を枕にするかクッションに頭を預けて呼吸のペースを落とすことでも同様の効果が得られます。

応用編

# 不安と解決策をメモに書き出す

「明日、大勢の人の前で発表をしないといけない」とか、「苦手な人と会わなくてはいけない」など、気がかりなことがあると、不安な気持ちがどんどんふくらんで、眠れなくなることがありますよね。そんなときじつは、とっておきの方法があるんです。

デューク大学医学部のコリーン・カーニー氏は、被研者に「今、抱えている心配ごとを最低3つ書き出すように」と指示しました。さらに片方のグループだけには「その問題を解決するための方法も一緒に書くように」と指示しました。

どちらのグループも、書いたリストを半分に折り、ベッド脇に置いて眠りました。

その結果、「問題解決の方法を書いたグループ」のほうが、より熟睡することができたそうです。

夜、寝る前に心配ごとを考えると、どうしても深刻度が高まりやすくなります。

しかし、**メモに書き出し、さらに「どうすれば解決できるか」をイメージすることにより、「きっとなんとかなる」と、その悩みのサイズを小さくできる**のです。

「こうすればうまくいく！」という楽観的な気持ちで眠りにつけば、次の日1日を、前向きな気持ちで過ごすことができるでしょう。

# 「2日くらいサボっても大丈夫」

## 最初は続かなくても、習慣化すれば大丈夫

運動習慣、ダイエット、語学の勉強など、何か目標を作って「絶対続けるぞ」と思ったのに、だんだん嫌になってきて、おっくうになって、しまいにはやめてしまう。そんなことばかり繰り返している方にぜひお伝えしたいのは、「習慣化って、簡単ですよ」ということです。

誰もが「2日もサボってしまったから、もうダメだ〜」とあきらめてしまいますが、じつは1〜2日サボったくらいでは、

# 026

習慣はなくなりません。

**人は、繰り返しさえすれば、次第に脳が「自動運転」をするようになります。**秘訣は「66日間の継続」だということがわかっています。そんなに続かない、という人は、自分を勇気づけるモチベーション作りを実践して。「挫折して自分を責める」から、「継続して自分をほめる」にスイッチを切り替えましょう。

# 「できたこと」を記録する

モチベーションを高めるために、僕は「できたこと」をカウントしています。ジムに行けたときは、日付の後に「#」をつけ、2回目なら「##」とする。マークが増えるたびに達成感が得られます。また、「あのときは大変だったけど、こうやって乗り越えたな」と、自分が達成したときの成果を確認し、自分自身をほめてやることにより、自信が強化され、やる気が湧きます。

続かない自分がいやなときに効く　テクニック 2

# 完ぺき主義をやめる

ロンドン大学の研究によって、「新しい習慣を身につけるために必要とされるのは平均66日間」だということが明らかに。重要なのは、「完ぺき主義をやめること」。1日できない日があっても、継続してやり続けることによって、必ず習慣として身につくことが証明されています。挫折しそうになったり、1〜2日サボってしまっても「66日目」を目指して、あきらめないで。

応用編

# 「挫折しそうなときにすること」を決めておく

継続に何より大切なのは、「挫折しそうになったときの対策を立てておく」こと。

やめたい、と思った時点ではすでに気持ちが滅入っているので、有効な対策は非常に生まれにくくなっています。それよりも**最初の習慣を始める段階で、「もし自分が挫折しそうになったときに、どうするか」を考えておくことが大事。**

例えば、「朝、20分のウォーキングをする」と決めた場合、「どんなときに挫折しそうになるか」を想像し、それとともに「対策」を決めておきます。「朝、眠くてできなかった」というときは、「職場の昼休みにする」。

あるいは「だるくてやる気が出ない」というときは、「帰ってきてバッグを置いた直後にスクワットを10回する」というふうに、「習慣をやめる」という選択肢から自分を逸らす対策を作っておくのです。行動は変わっても、とにかく「やめる」ことだけはしない、というやり方です。

新たなことを始める、という意欲の高いときに決めたことを、くじけそうになったときに思い出すと、「あのときは、本気で続けようと思っていた」という記憶が呼び起こされ、その記憶が応援してくれる、という効果も得られます。

忘れられないときに効くワンフレーズ

# 「別に忘れなくてもいいよ」

## 自分の心を楽にしてあげること

とても嫌な出来事、不幸なことが身の回りで起きたとき、気がついたらそのことばかり考えてしまうことがあります。忘れられない自分が嫌で、「忘れよう、忘れよう」と思うほどそのことを考えてしまう。

これは有名な心理学実験「シロクマ実験」でも明らかです。シロクマの動画を3グループに見せ、A群には「シロクマのことを覚えておけ」、B群には「シロクマのことは考えても考

027

シロクマのことだけは考えるな!!
ぶんぶん
おーい

えなくても自由」、C群には「シロクマのことだけは考えるな」と指示しました。その結果、最も動画の内容を覚えていたのはC群だったのです。

つまり、人の心には**「忘れようと必死になるほど、その出来事を思い出してしまう」**仕組みがあります。ですから、反対に「忘れなくてもいいよ」と自らに伝えることが、心を楽にする手段となるのです。

# 学べる要素を見つめてみる

人間は、ポジティブな記憶よりもネガティブな記憶を優先して残そうとします。理由は簡単。恐怖や不安といった経験は生命の危機につながるので、脳が「覚えておけ」と命令するのです。「私がこの出来事を忘れられないのはなぜ?」と思い返してみると、「その経験から得るべき学び」があったことに気づくかもしれません。そうすれば、その記憶を肯定できるようになります。

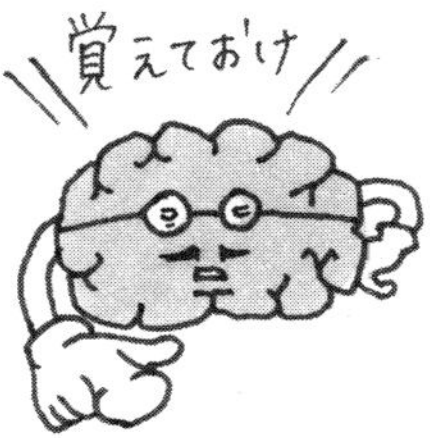

忘れられないときに効く テクニック 2

# 没頭できる「フロー状態」を作る

自分でも気がつかないくらい何かに没頭している状態を「フロー状態」といいます。本当に集中しているときというのは、そのこと以外のことへの意識がなくなるもの。この瞬間は、イヤなことを一切忘れることができます。フロー状態を作るポイントは、簡単すぎず、難しすぎず、「面白い」と思えること。趣味や運動など、大好きなものに集中する時間を作り出してみましょう。

応用編

# 仕事を「がんばりすぎない」

イソップ寓話に「木こりと旅人」というお話があります。黙々と大木に向かって斧を振るう木こりがいます。夕方になっても作業はあまり進んでいない様子。不思議に思った旅人が斧を見ると、刃が欠けてボロボロでした。

旅人が「休憩をとって斧の刃を研いだほうがいいんじゃないですか」と言うと、木こりは「何を言うんだ、こっちは木を切るのに忙しくて刃なんか研いでいる時間はないんだよ」と答えるのです。

この木こりのように、日々、仕事などに忙殺されていると、視野が狭くなり、本当に優先すべきことが見えなくなります。そして、自分の悪い面や、ネガティブな記憶にばかり思考をフォーカスし、ストレスを強めてしまうのです。苦しい記憶が忘れられないのは、**もしかしたら単純にあなたが「疲れすぎているから」かもしれません。**

さらにポイントがもう一つ。嬉しい出来事があったときにあなたはどうしますか？　欧米人は「自分の力だ」と考え、日本人は「おかげさまで、運がよかった」と考えるそうです。

自分が成功したときこそ、その理由を客観的にしっかりと分析することによって「再現性」を高められる。すると、次の幸運を引き寄せることができるのです。

著者紹介
**メンタリストDaiGo**（めんたりすとだいご）
人の心を読み、操る技術“メンタリズム”を駆使する、日本唯一のメンタリスト。テレビ番組への出演多数。外資系企業の研修やコンサルタント、遺伝子解析企業の顧問、大学の特任教授なども務めている。
著書は、『人を操る禁断の文章術』『自分を操る超集中力』（以上、かんき出版）、『一瞬でYESを引き出す 心理戦略。』（ダイヤモンド社）、『「好き」を「お金」に変える心理学』『ワンコイン心理術』（以上、ＰＨＰ研究所）ほか多数。著書累計で250万部を超える。

本書は、2017年９月にＰＨＰ研究所より刊行された『一瞬で人生が変わる すっごい呪文』を改題し、再編集したものです。

ＰＨＰ文庫　ワンフレーズ心理テクニック

2018年9月18日　第1版第1刷

著　　者　メンタリストDaiGo
発 行 者　後　藤　淳　一
発 行 所　株式会社ＰＨＰ研究所
東京本部　〒135-8137　江東区豊洲5-6-52
第二制作部文庫課　☎03-3520-9617（編集）
普及部　☎03-3520-9630（販売）
京都本部　〒601-8411　京都市南区西九条北ノ内町11
PHP INTERFACE　https://www.php.co.jp/
組　　版　株式会社PHPエディターズ・グループ
印 刷 所　共同印刷株式会社
製 本 所　東京美術紙工協業組合


ISBN978-4-569-76853-3